JN169498

手書きの戦略論

「人を動かす」7つの
コミュニケーション戦略

磯部光毅

目次

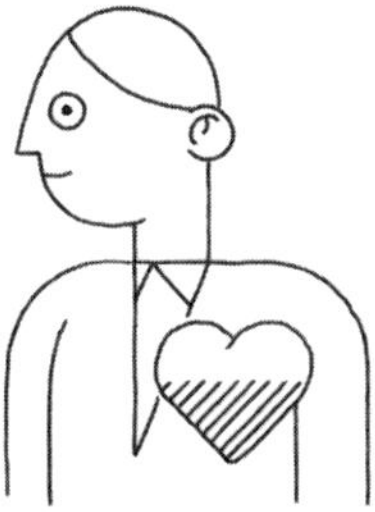

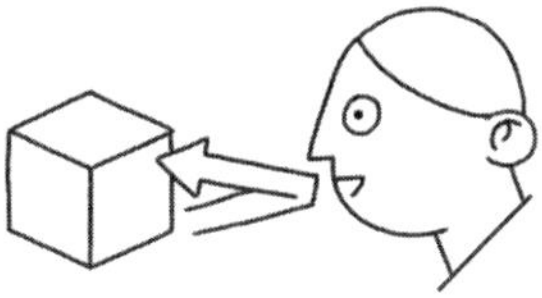

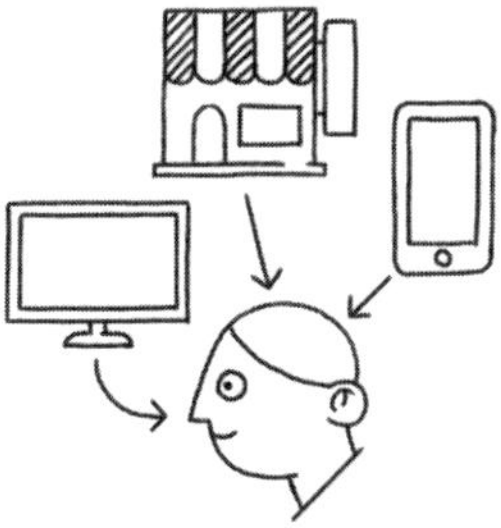

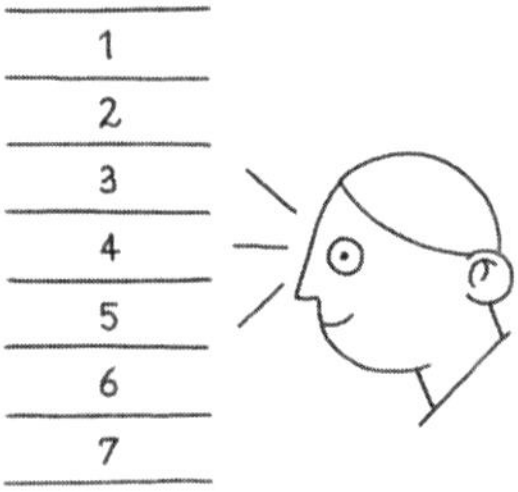
1
2
3
4
5
6
7

いま、
コミュニケーション戦略が、
いちばん面白い。

はじめに

この本は、コミュニケーション戦略をわかりやすく体系的にまとめた解説本です。

「マーケティング戦略とどう違うの？」「マーケティング戦略はわかるけど、コミュニケーション戦略って、あまり聞かないな」という方も、きっといるでしょう。

もちろん「コミュニケーション戦略は、マーケティング戦略の一部である」という言い方もできます。しかし、その表現では不十分だと感じるほど、今、コミュニケーション戦略の領域は拡大し、重要性が増しています。


ざっくり言ってしまえば、以前は「広告戦略」と呼ばれていたものが、時代に合わせて拡大進化したのがコミュニケーション戦略。テレビCMなどのマス広告を用いて、多くの人に一方通行で商品の魅力を伝えるための作戦が「広告戦略」だとしたら、マス広告だけでなく店頭やウェブなど、企業やブランドとの「あらゆる接点」を意識し、「双方向」の

広告戦略とコミュニケーション戦略の違い

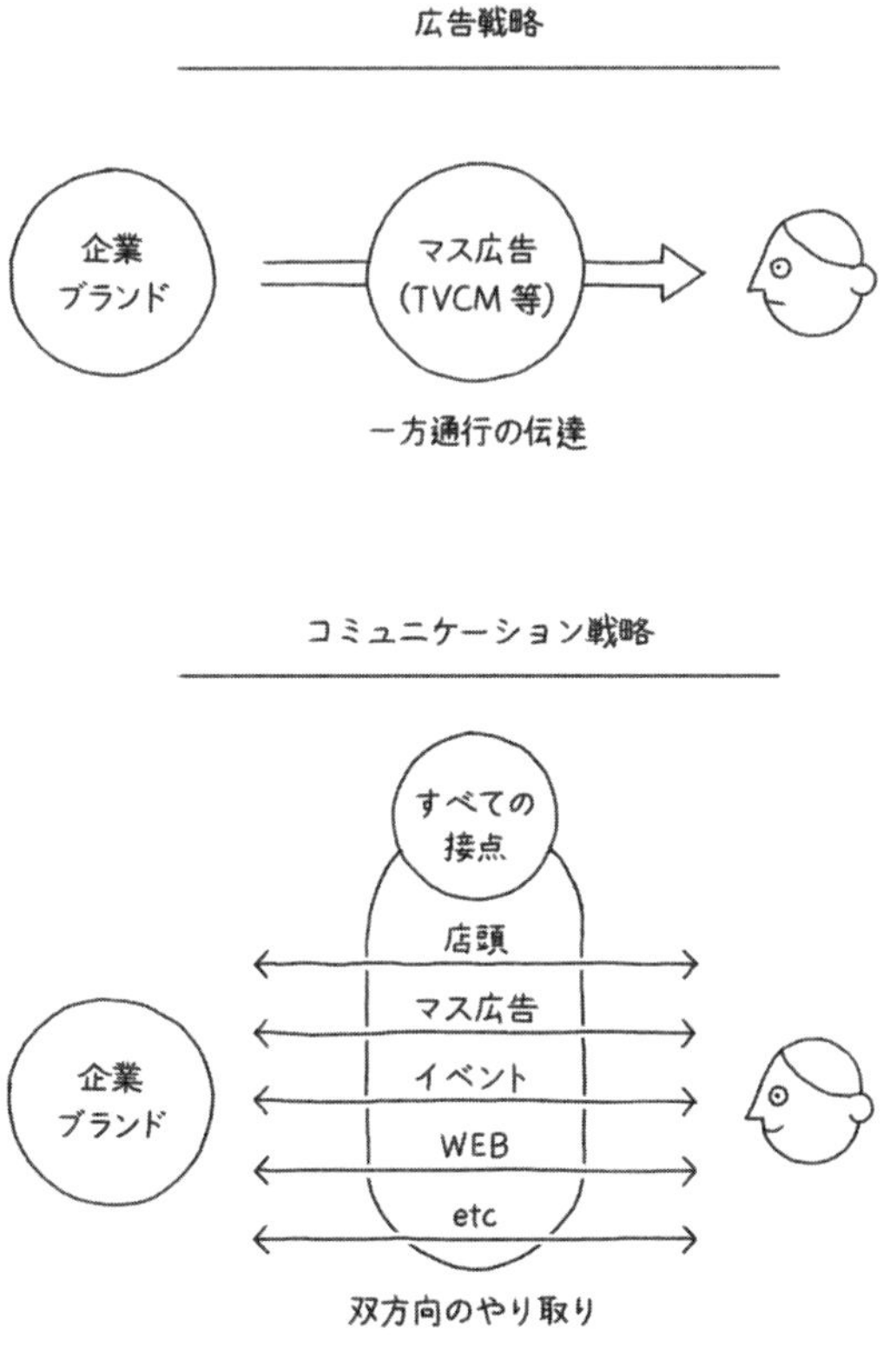

やりとりを重視したのがコミュニケーション戦略（マーケティング・コミュニケーション戦略）です。

おいおい詳しく説明していきますが、まずは「企業やブランドが、お客さんに対して、何をどのように伝えるか、どう受け取ってもらえるようにするか、あらゆる接点を意識して設計するのがコミュニケーション戦略」と捉えて、読み進めてみてください。

広告業界で日々仕事をしていると、
「コミュニケーションはクリエイティブがいちばん面白い」と言う人がいます。
もっとも創造性を発揮できて、人の気持ちを動かせるから。
「コミュニケーションはデジタルがいちばん面白い」と言う人がいます。
もっとも変化が激しく、新しい潮流をつくっているから。
しかし、僕はそれらをすべて味わったうえで思います。
今、コミュニケーション「戦略」ほど面白いものはない、と。
みなさんは、コミュニケーション戦略と聞くと、具体的に何を思い浮かべますか？

ある人は「ポジショニングのことでしょ」と言います。

別の人は「戦略って、ブランディングでしょ」と言います。

また、「今の時代、カスタマージャーニーをつくることが戦略だよ」と言う人もいます。

どれも間違いではありませんが、それぞれコミュニケーション戦略のひとつの側面を語っているだけで不十分だと感じます。そう、コミュニケーション戦略の世界には、このように〝複数の流派〟が併存していて、それぞれを信じている人たちがいるわけです。

ここ十数年ほど、デジタルテクノロジーの発達などによって、これまでやりたくてもできなかった新しいコミュニケーション手法が次々実現しました。と同時に、「何を大切にして、何を目的にしてプランニングするか」という価値基準も増殖し、複数の〝正しい〟戦略論が入り混じって整理がつかない、という状況に陥っています。

この『手書きの戦略論』は、そんな複雑化した「コミュニケーション戦略」を俯瞰して、シンプルにひも解きます。

「コミュニケーション戦略って難しそう」という方も、ご心配なく。

これ一冊読み終えたときには、コミュニケーション戦略の基本はすべて頭の中に入っているはずです。

ちなみに、コミュニケーション戦略を学ぶためには、いったい何から始めればいいのでしょう。もちろん最新のトレンドを追うことも大切ですが、こんなときこそまずは立ち止まって、歴史的な変遷や流れを把握することが大切だと僕は考えます（そのためデジタルコミュニケーションの最先端についての話は、ほかの書籍に委ねます）。

僕がこの本を書くにあたり、戦略の歴史をたどって得た結論は次のようなものです。

「コミュニケーション戦略のベースになる理論（流派）は7つあり、その基本さえわかっていれば踊らされないですむ。そして、これからのプランニングへのヒントも見えてくる」

7つの戦略論とは、ポジショニング論／ブランド論／アカウントプランニング論／ダイレクト論／IMC論（Integrated Marketing Communications）／エンゲージメント論／クチコミ論。これらの考え方は時代の要請によって順番に登場し、ときに組み合わさり、ときに反目しながら、戦略論全体を進化させてきました。

なぜ変化していったのか、なぜ7つの戦略論が併存しているのか。この本で歴史を知ってもらえば、きっと腹落ちするはずです。

ややもすると複雑で、難しく感じる「コミュニケーション戦略」ですが、実はベースとなる戦略理論はとてもシンプルで本質的。また、それを理解さえすれば、巷にあふれるバズワード（定義があいまいな流行の専門用語）に惑わされることもないし、今やるべきことも見えてくるはず。

そもそも「戦略」とは、多くの人に共有されるべき指針ですから、「手書き」で伝えられるくらいシンプルでわかりやすくなくてはなりません。そのため、チャートや図はすべて手書きとし、そこだけ飛ばし読んでも、概要が理解できるつくりにしました。

さて、ここで少し自己紹介を。僕は、主に大手企業のコミュニケーション戦略立案をお手伝いしている戦略プランナーです。名刺の肩書は「アカウントプラナー」（この意味や役割は後述しますね）。

エージェンシー（広告代理店）出身でプランニング人生18年、国内外の大手企業を中心に50社、100ブランド以上の戦略立案に関わり、現場で汗をかいてきました。もちろん今でも日々プランニングと格闘しています。

特徴的なのは、戦略とクリエイティブを越境し、広い範囲のプランニングに関わってきたこと。具体的には、１９９７年に博報堂に入社、しばらくはストラテジックプランナーとして、リサーチ、ブランド戦略立案、商品開発などに従事しました。

その後、クリエイティブに異動してコピーライターとなり、２００７年に独立。これまで、何百の定量・定性調査や、多変量解析といったリサーチ業務から、コンセプトメイキング、コピーライティング、ＣＭや店頭プロモーション、オウンドメディア（企業・ブランドが自ら所有するウェブサイト）のプランニング、イベントやＰＲ、運用型広告のディレクションなどを経験してきました。

現在では、事業戦略、商品開発、統合コミュニケーション戦略立案といった上流工程が主な領域で、戦略とインサイト（この意味も、のちほどじっくり説明します）を強みとした「コミュニケーションプランナー」といってもいいかもしれません。エージェンシー、メディア、テクノロジー業界などと共働しつつも、中立的な立場の独立プランナーなので、フラットに戦略論を語れる立場にいます。

この本は、「現場でコミュニケーション業務を担当しているけれど、もっと全体を俯瞰してきちんと学びたい」と考えている人をイメージして、噛み砕いて書いています。

マーケティング・コミュニケーションに関わり始めた若手のみなさんはもちろん、現役バリバリのマーケター／プランナーのみなさん、クリエイターのみなさん、ブランドサイド（クライアント側）の方も、エージェンシーサイド（クライアントの依頼を受けて、コミュニケーション戦略を立案・実施する側）の方も、デジタル業界の方も、読み応えのある内容を目指しました。

とはいえ、「どんな立場の人にも役立つ」なんて言われると、ちょっとうさん臭いですよね（笑）。ということで、「はじめに」の最後に、この本が「どのように役に立つか」をまとめてみました。

◎ブランド戦略立案担当のみなさん
（ブランドマネージャー・担当者・エージェンシーサイドのプランナーなど）
・マーケティング・コミュニケーションの全体像をあらためて確認でき、担当業務の位置づけが認識できます。
・担当ブランドの課題解決へのヒントが得られます。

◎意志決定者のみなさん（CMO・役員・カテゴリーマネージャーなど）
・ネットなど新しい領域を含めマーケティング・コミュニケーション戦略全体を俯瞰できます。
・今後のマーケティング人材育成の指針を得られます。

◎クリエイターのみなさん
・クリエイティブをつくるうえで知っておくべき、コミュニケーション戦略の基礎知識が身につきます。
・戦略領域全体を知ることで、クリエイティビティを発揮して活躍する領域を広げられます。

◎デジタル担当のみなさん
（ブランド／エージェンシーサイドのデジタル担当者・アドテク業界の方など）
・コミュニケーション戦略におけるデジタル業務の位置づけがわかります。

・デジタルの強みを生かした新しいチャレンジへのヒントが得られます。

少し前置きが長くなってしまいました。
それでは、いよいよコミュニケーション戦略の大海へと漕ぎ出してみましょう。

コミュニケーション戦略とは、
人を動かす戦略。
戦略論は折り重なり、
“7層構造のミルフィーユ”に
なっている。

プロローグ

みなさんは、「戦略」という言葉を、どんな意味で使っているでしょうか。広告コミュニケーションの世界で「戦略」といえば、それは久しくマーケティング戦略のことを指していました。マーケティング戦略の基本といえば、現代マーケティングの父といわれるフィリップ・コトラーが提唱した「ＳＴＰ（セグメンテーション・ターゲティング・ポジショニング）」が有名です。

セグメンテーション＝市場細分化：市場をどう切り分けるか
ターゲティング＝標的市場の選定：どの市場を狙うか（誰を狙うか）
ポジショニング＝競争優位性：競合との相対的な位置取りをどうするか

市場を分割し、狙うべき市場やお客さんを決めて、そのお客さんから魅力的に見えるよ

マーケティングの基本：STP

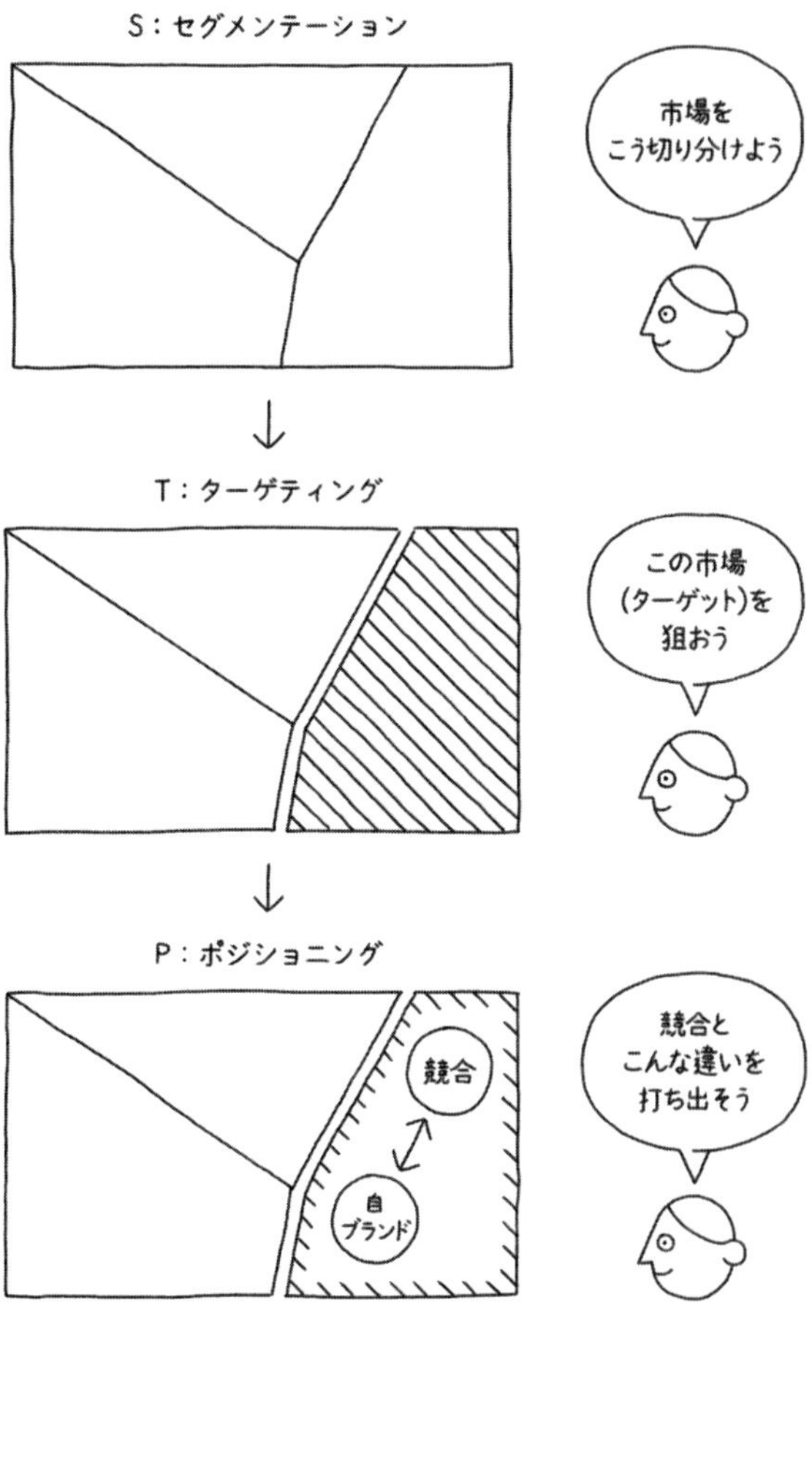

うな競合との位置取りを考える、ということですよね。

クルマを例に考えてみましょう。

セグメンテーション：コンパクト、ミニバン、SUVなど車型による分割をしよう
ターゲティング：ミニバン市場に参入にしよう。子育てママを狙おう
ポジショニング：競合より広い室内空間と使い勝手のよさが売りだから、「子育てがラクになるクルマ」と位置づけよう

なんて具合に考えていくわけです。

でも、ここ20年ほど、広告業界で「戦略」という言葉を使うとき、マーケティング戦略＝STPを指すことは少なくなってきています。もちろん、今でもかなり重要なパートではありますが、それはほんの一部、あるいは入り口の議論にすぎません。より重要なのは、STPの先、そして具体的なクリエイティブやメディアプランニングの手前にある「プランニング領域」なのです。

この領域、一般的には「コミュニケーション・プランニング」あるいは「(統合）コミュ

コミュニケーション戦略の拡大

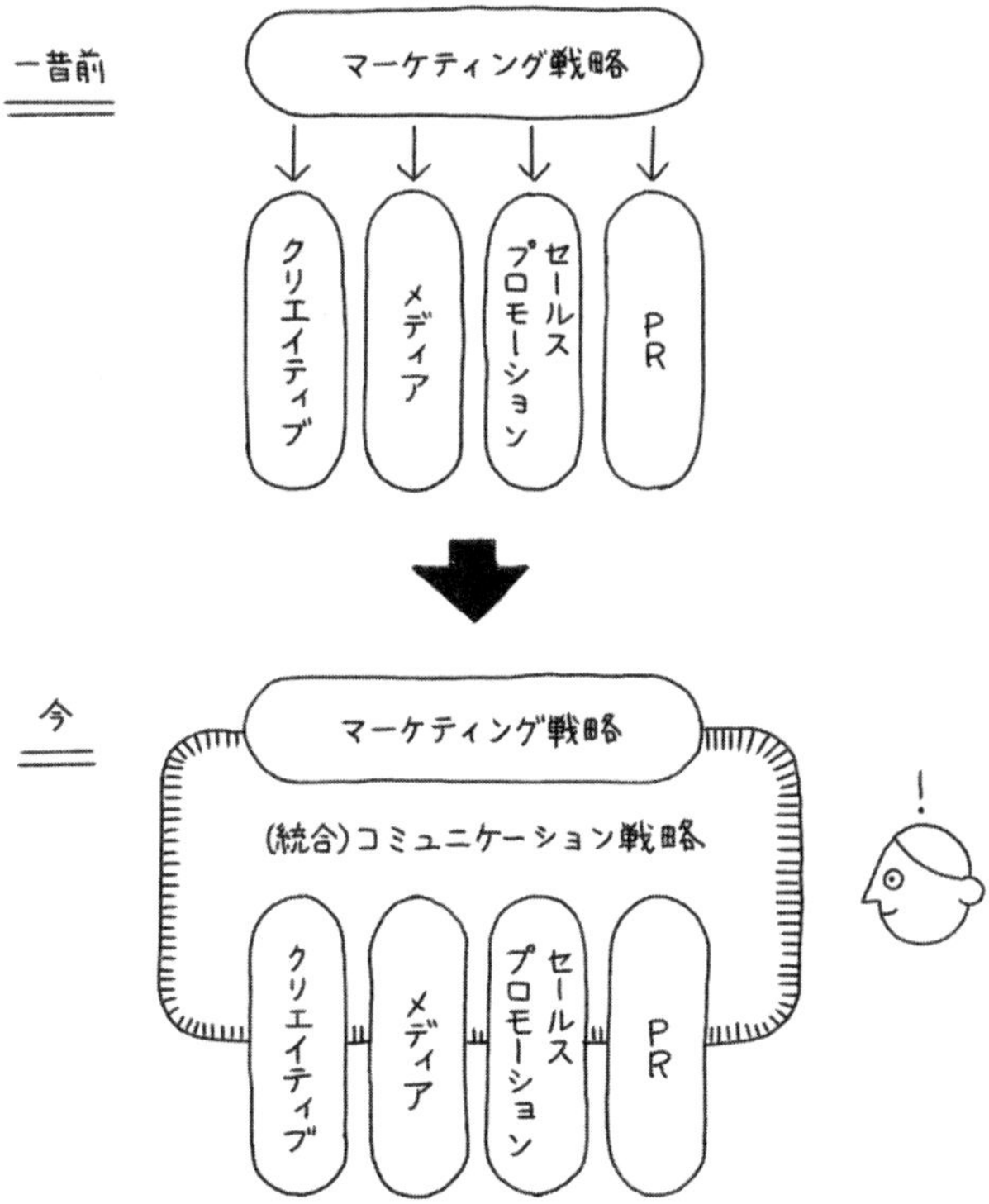

ニケーション戦略」と呼ばれています。「コミュニケーション」なんて、あまりに一般的で漠然としていますよね。でも、それ以外に適当な表現がないのですから仕方ありません。

クリエイティブやメディアといった領域だけでなく、商品開発、価格戦略、流通戦略といったマーケティング領域から、事業戦略、経営戦略まで。「コミュニケーション戦略」が関与する領域は、とても広く、より深くなってきています。

なぜなら、ビジネスがどんどんお客さん中心になってきたから。企業、商品、サービスと顧客が接する部分はすべてコミュニケーション領域と捉えて、統合的に設計しなければならない、そう考えるようになっているのです。

さて、コミュニケーション戦略を語るにあたり、もう一歩深くコミュニケーションの本質に思考を巡らせてみましょう。

考えてみれば、コミュニケーションとは不思議なものです。

私たちはふだん、家族、友人、仕事仲間などと主に会話を通じてコミュニケーションをしていますが、たとえば今、目の前にいてふんふんとうなずきながら話を聞いている相手と本当にコミュニケーションがとれているのか、実はわかりませんよね？　それどころか、そもそも相手に自分と同じような「意識」があることすら証明できません。だって、他人の心の中は覗けないのですから。

学問的には、「情報の伝達だけではなく、意思の疎通、心の通い合い、互いに理解し合うということが起きてはじめてコミュニケーションが成立した」とされるそうです。またコミュニケーションを発信と応答という視点から見ると、「ある人のアクションに応じて別の人にリアクションが生じた」場合、両者の間にコミュニケーションが成立しているとされます。

つまり、情報が通じ、心が通じ、行動に影響を与えてはじめてコミュニケーション、というわけ。

ちなみに、経営学の権威、ピーター・ドラッカーは「コミュニケーションは情報ではない」*1と語っています。一方通行の情報で、受け手の関心や期待の範疇に入り込めないものはコミュニケーションではない、と。逆にいえば、受け手の興味、関心、期待の範疇に入り込み、受け入れたくなる理由をつくることこそがコミュニケーションなんですね。

さらにこれを言い換えるならば「文脈の橋をかけること」。

どうすればコミュニケーションが成立するか

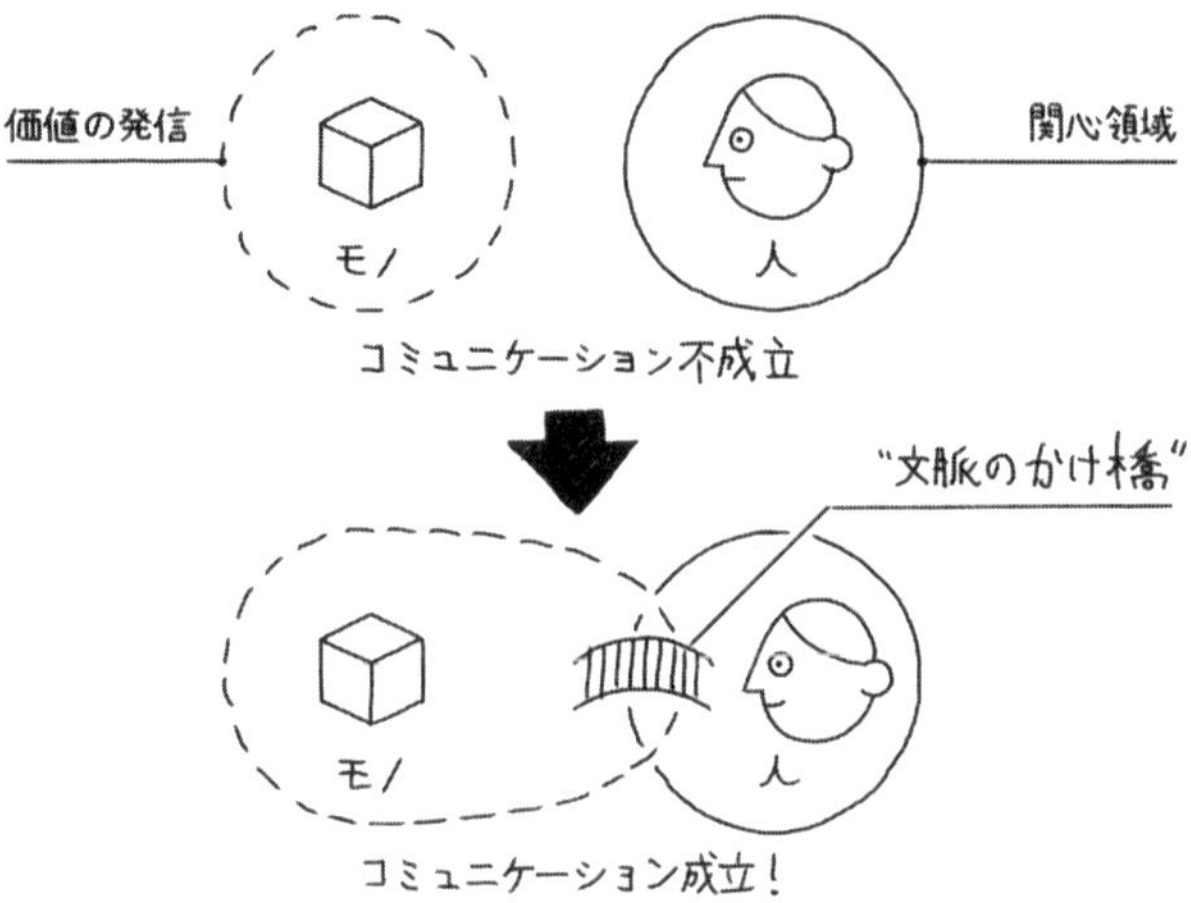

広告の世界でよく使われる「コンセプト」とか「コンテクスト」といったものは、いわば商品とお客さんとをブリッジする「かけ橋」といえるでしょう。

さまざまな定義がありましたが、この本では、コミュニケーション戦略を「人を動かす戦略」と捉えます。目的は人を動かすこと。なぜならマーケティング・コミュニケーションは、最終的にはお客さんが企業の商品・サービスを購入するという行動を生まなければ意味がないからです。

法律でしばったり、強制力を行使したりするのではなく、人が自発的に行動を起こすように、なんらか顧客心理に働きかける必要がある。そういった意味で、コミュニケーション戦略とは「心理工学」でもあるのです。

「はじめに」でもあげた、7つのコミュニケーション戦略論は、言ってみれば人を動かす手法の違い。人を動かすアプローチは、大きく分けて7つあると考えてください。

【7つのコミュニケーション戦略論】

①ポジショニング論：「違い」が、人を動かす。
お客さんの頭の中で、競合と違った位置づけを得る戦略

②ブランド論：「らしさ」の記憶が、人を動かす。
お客さんの頭の中に、そのブランドらしさの連想構造をつくり、記憶に残す戦略

③アカウントプランニング論：「深層心理」が、人を動かす。
お客さんの隠された本音を探りあて、動機づける戦略

④ダイレクト論：「反応」の喚起が、人を動かす。
お客さんの直接的な反応を受け止めながら、長期的な関係をつくる戦略

⑤ＩＭＣ論：「接点」の統合が、人を動かす。
お客さんとの複数の接点をつなぎ、
最適なメッセージ、施策を出し分ける戦略

⑥エンゲージメント論：「関与」が、人を動かす。
お客さんが自ら関わりたくなるような施策を通して、
共感しあう関係をつくる戦略

⑦クチコミ論：情報の「人づて」が、人を動かす。
ソーシャルメディア上で、情報が信頼と共感をともなって
拡散することを狙う戦略

マーケティング戦略の基本、STPは①のポジショニング論にあたります。しばらくはこのポジショニング論が唯一の戦略でしたが、今では、これら7つの戦略論が重なった〝7層構造のミルフィーユ〟が、戦略になっているのです。

7層構造かあ……と、ちょっと溜息が出てきましたか？　でも、安心してください。本質はとてもシンプル、流れを追っていけばすんなり理解できるはず。

それでは、次の章から具体的な戦略論の解説に入っていきましょう。

＊1　ピーター・ドラッカー『マネジメント［エッセンシャル版］－基本と原則』（ダイヤモンド社、2001年）

戦略論“7層構造のミルフィーユ”

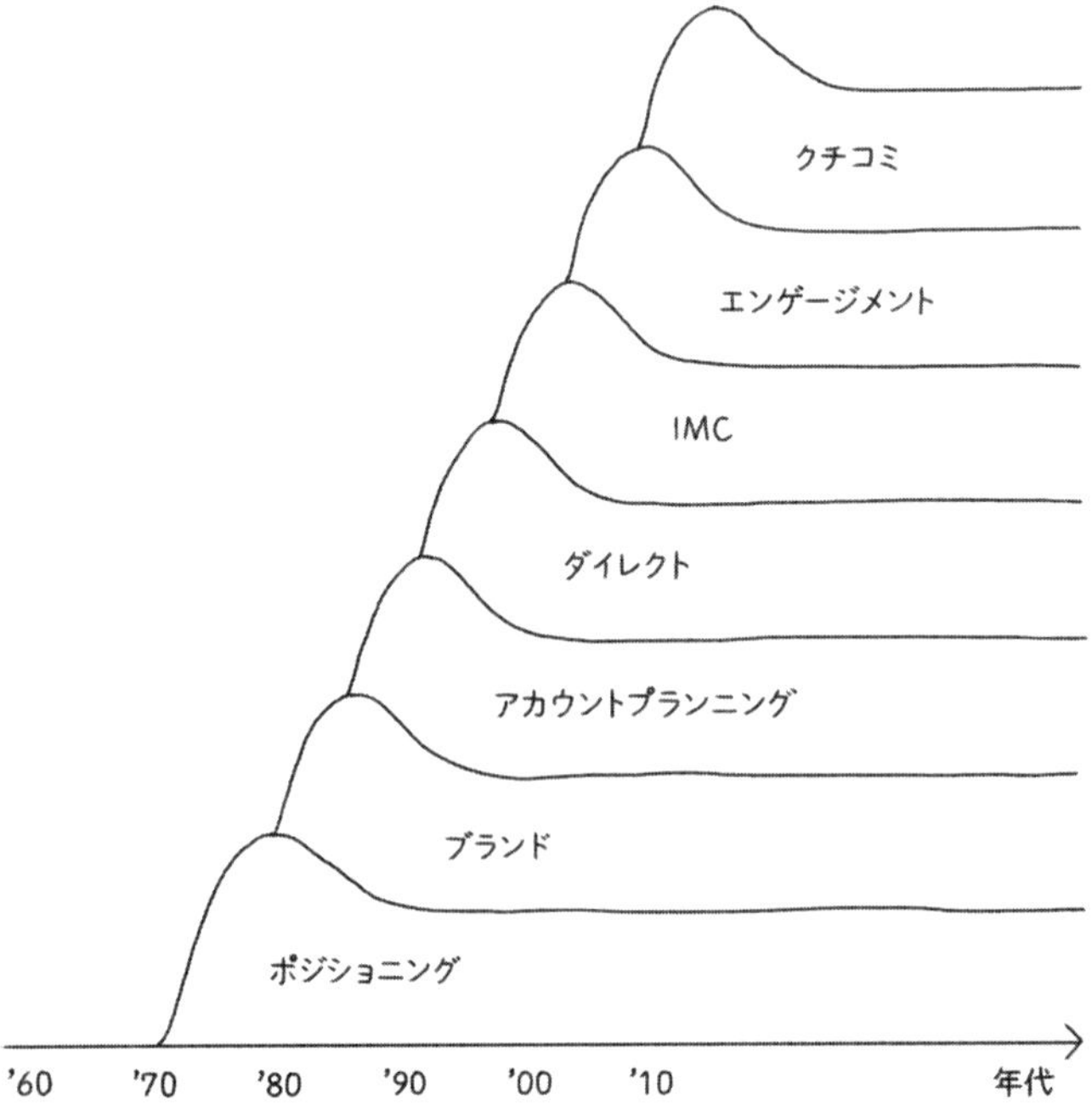

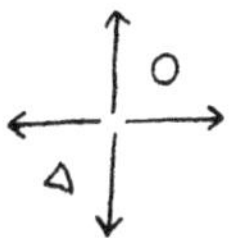

Positioning

ポジショニング論

「違い」が、人を動かす。

第１章　ポジショニング論

「ポジショニング」を一言でいえば、「違い」によって人を動かす戦略論。ポジショニングは長い間、コミュニケーション戦略においてもっとも頻繁に使われる言葉のひとつでした。それは、マーケティング／広告担当者や商品開発担当者だけではなく、経営者やクリエイターにとっても。そういう意味では、７つの戦略論のベースになるものといっても過言ではありません。

ポジショニングとは、文字どおり「相対的な位置取り」のことで、その根底には「違いこそが大切」という差別化の思想があります。

もう少し詳しく定義すれば、「顧客ニーズを汲み取りながら、お客さんの頭の中で、競合と違った位置づけを得ること」。①顧客ニーズの存在、②お客さんの頭の中での位置づけ、③競合との相対的違い、この３つがポイントです。

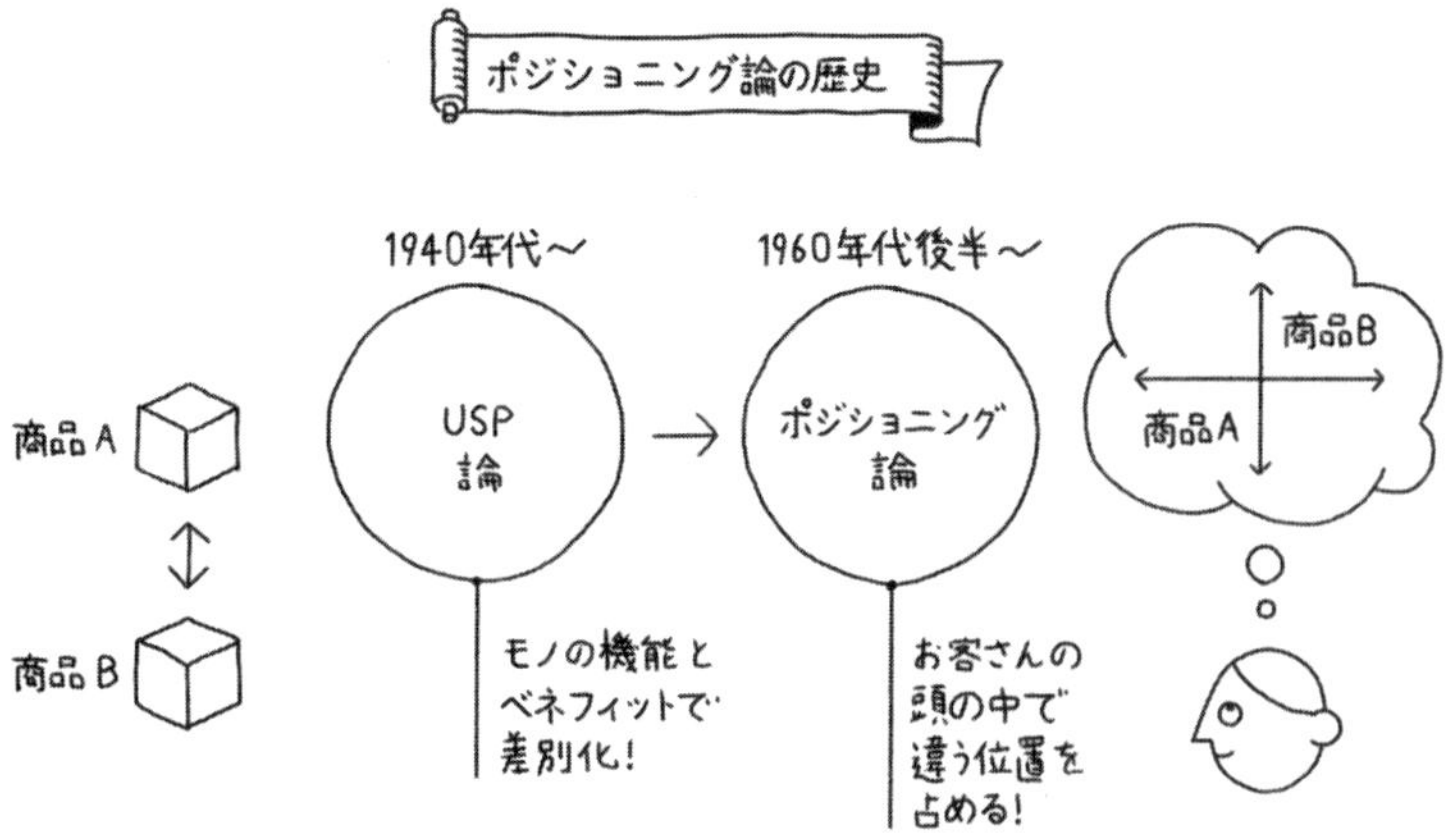

ポジショニングは1960年代後半に生まれた戦略論で、それ以前からあったUSP論を顧客視点で捉え直した理論ともいえます。USP→ポジショニングの流れを認識してもらったうえで、歴史を追って説明していきましょう。はじまりはアメリカです。

歴史

機能的なベネフィットで差別化する「USP」の誕生と広がり

まずはじめに生まれた差別化の理論、それがUSPです。「Unique Selling Proposition」、日本語にすれば「独自の売りの提案」。1940年代初めにアメリカのテッド・ベイツ&カンパニーのロッサー・

リーブスによって提唱されました。
リーブスはこの時代の広告業界の中心人物のひとりで、第34代アメリカ合衆国大統領ドワイト・アイゼンハワーの選挙参謀を務め、はじめて大統領選挙にテレビCMを活用した人物。ちなみに、この時代のニューヨークの広告業界を描いた大人気テレビドラマ「MAD MEN」の主人公、ドン・ドレイパーのモデルとしても知られていますね。

リーブスによるUSPの定義は3つです。＊1

①広告はすべて、消費者に対して提案《プロポジション》をしなければならない。単なる言葉や、単なる製品礼賛、単なるショーウィンドウ的広告ではなく、読む者にこう言わなくてはならない。「この製品を買えば、この便益《ベネフィット》が手にはいります」と。

②その提案は、競争相手が示せない、もしくは示さないものでなければなら

ない。それは独自《ユニーク》でなければならない。すなわち、そのブランド独自のものであるか、その分野の広告ではなされていない主張であること。

③その提案は、数百万の人々を動かせるほど強力でなければならない。すなわち、製品に新規顧客を引き寄せられるものでなければならない。

その広告が何かを提案していて、それが独自なもので、売りにつながるものであれば、USPの条件を満たしているというわけ。非常に明快な理論ですよね。よく誤解されますが、USPは必ずしも「自社ブランドにのみある機能」でなくてもかまいません。

仮に競合が同様の機能を持っていても、先に主張することで、競合がその機能を打ち出せなくなるのであれば、かつ、商品がそうした訴求をするのにふさわしければ、それでOK。消費者の頭の中に入り込むもっとも簡単な方法は、一番乗りすることですから。

USPの考え方の基本は、広告は機能的なベネフィット（便益・効用）に立脚していなければならないというもの。このように商品特徴や機能を訴求する伝え方を「ハードセル」

といいます。反意語は「ソフトセル」で、イメージや情緒を重視する考え方。広告の世界は、このハードセルとソフトセルの考え方が対立し、主流を奪い合いながら、振り子のように行ったり来たりする歴史ということもできます。

では当時、どのような広告でUSPが訴求されていたのか、60年代の名作広告を見ながら、理解を深めていきましょう。

次ページのM&M'Sの広告は、リーブスが制作したもの。甘くておいしいというチョコレートのメインベネフィットでなく、コーティングされているというM&M'Sならではの特徴を、お客さん視点のベネフィットで言い換えて提示しました。

このように競合と違うベネフィット、あるいは競合がまだ言っていないベネフィットを訴求する、またそれを納得させるだけの理由を新しく発見し、伝えることを重視したのがUSP論なのです。

こうしたUSPの考え方は、多少のタイムラグを経て日本にも紹介されています。USPを生かした、70年代日本の名作広告も見てみましょう。

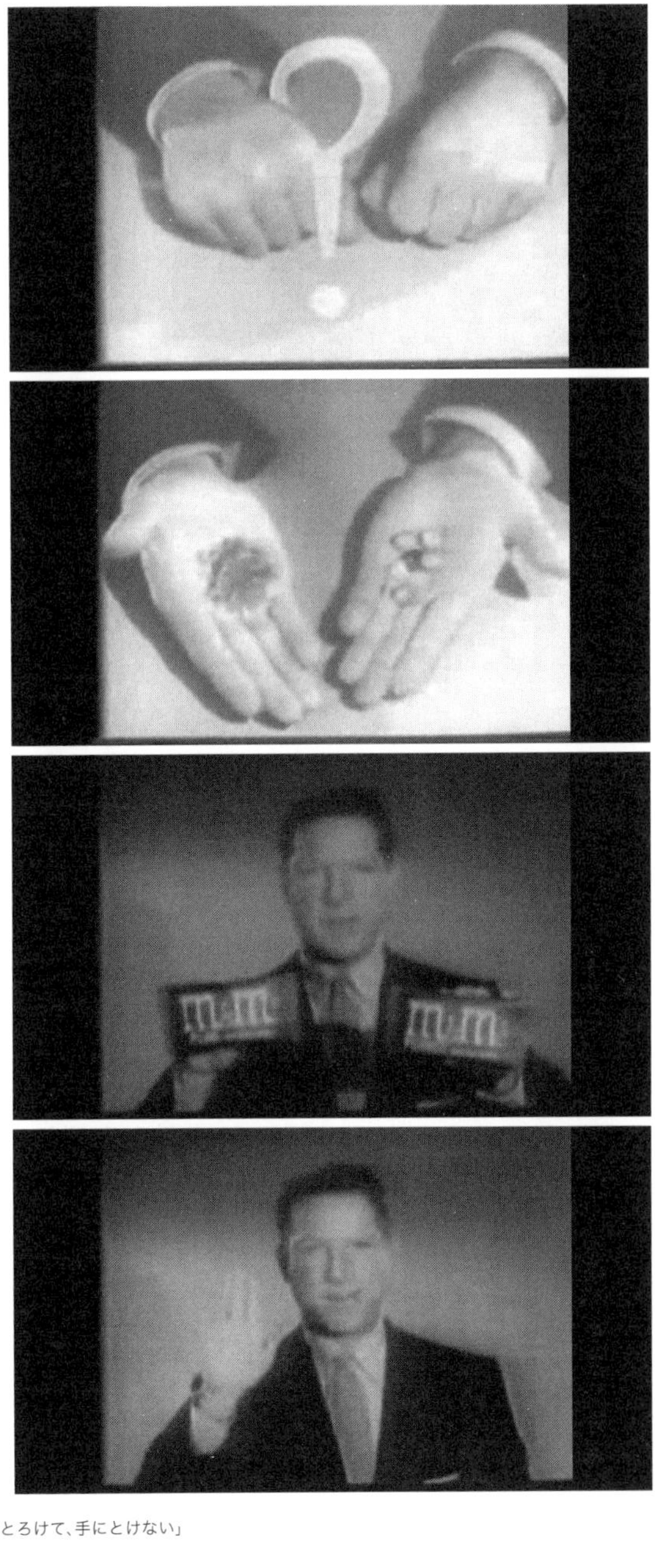

M&M'S「お口でとろけて、手にとけない」

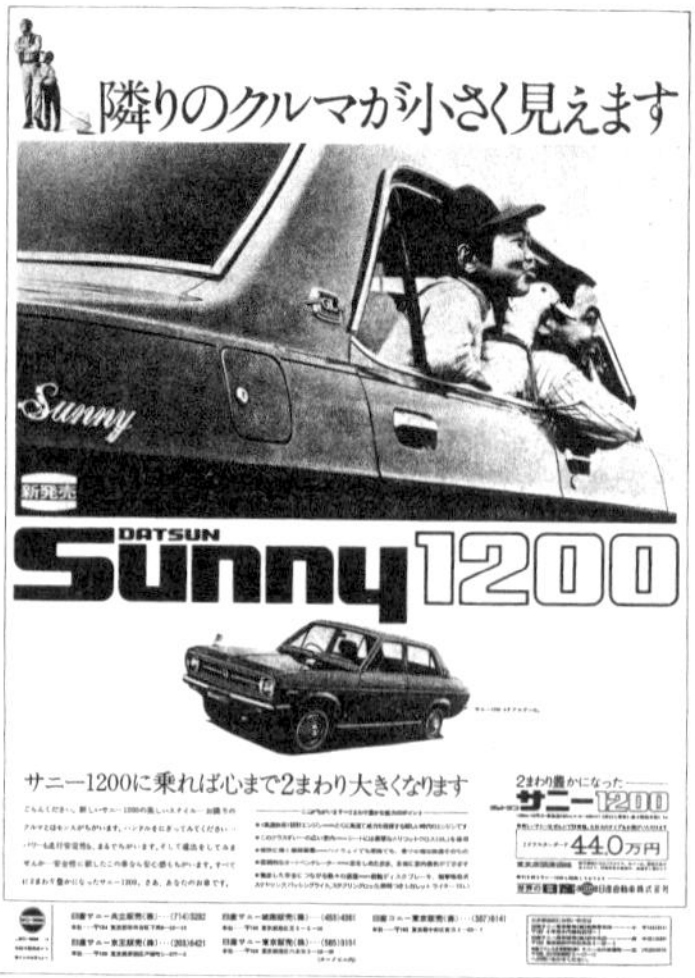

日産Sunny1200 「隣りのクルマが小さく見えます」

日産サニーの広告（1970年）は当時、排気量競争をしていたトヨタの初代カローラを意識したもの。その時点で、サニーは排気量でカローラに優っていましたが、「排気量が大きい」とストレートに言うのではなく「隣りのクルマが小さく見えます」とうまく表現したわけです。

ソニーのトリニトロンカラーテレビのCM「タコの赤ちゃん」（1973年）のナレーションは次のようなものでした。

「ぼくタコの赤ちゃん。これから世の中に飛び出そうと思うのです。よっこらしょ……どっこいしょ。イボイボの足が8本。ネッ、ソニーだとよく見えるでしょ」

明るく、画質がよいというUSPを持つトリニトロンだからこそ、半透明の小さくてかわいい生

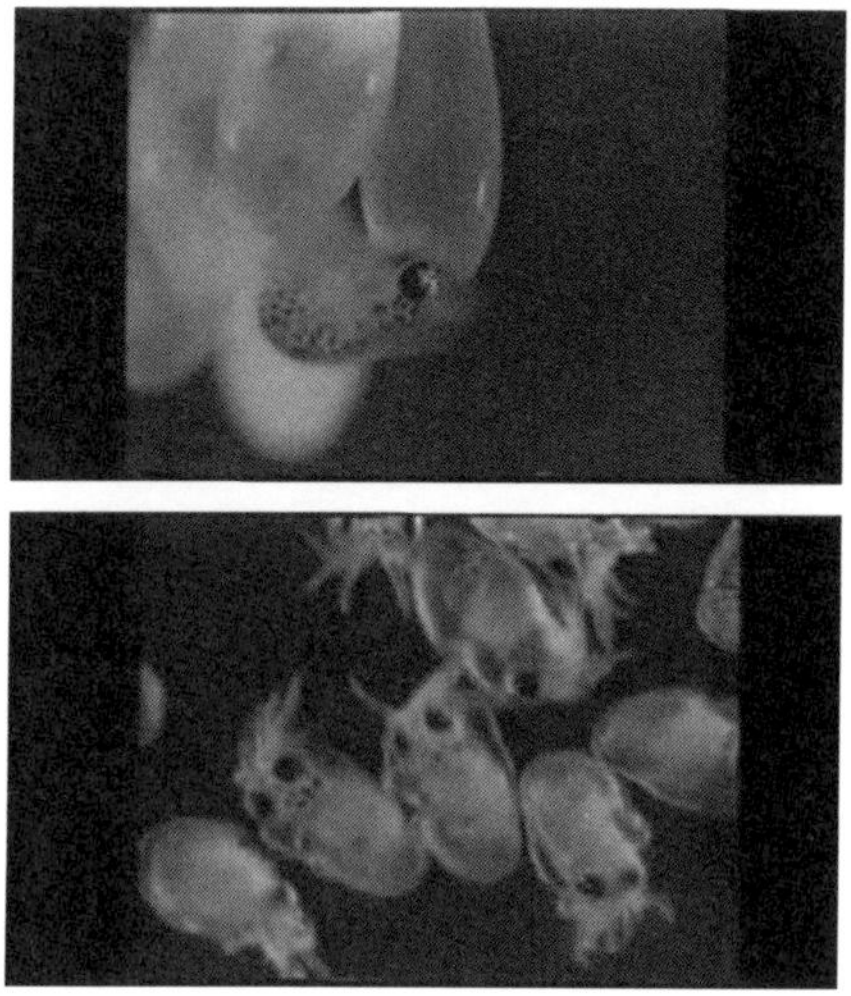

ソニートリニトロンカラーテレビ　CM「タコの赤ちゃん」

き物もくっきり見えることを実証したエンターテインメントです。

これらはいずれも、「違い」によって人を動かそうとしているのがわかりますよね。

顧客の「頭の中」での位置づけを争う「ポジショニング」の登場

こうして定着していったUSP論ですが、弱点がありました。時は1950年代のアメリカ。第二次大戦後の復興による市場の拡大は一段落し、テクノロジーの進化によって、類似品が多く登場するように。その結果、ただいいものをつくるだけではダメで、モノを売るために努力をしなければならない時代へと変化していったのです。

のちに、1950〜60年代のアメリカは「販売の時代（Sales era）」と呼ばれるようになります。類似品があふれると、どんなに自社と他社の商品を比較研究して、ベネフィットをほじくり返しても、USPなんて存在しないという状態に陥ることがあります。困りますよね。それでも何としても違いを見つけ出して、商品特徴、機能に立脚した差別化をしたい、とこだわっていくとどうなるか？

結果「偽りの差異」に陥ることになります。「偽りの差異」とは、顧客にとってまったく意味も興味もないささいな違いのこと。そんな微妙な差別化ポイントですから、大金を使って広告したわりには効果が出ない。なぜって、そもそもそんな違いはお客さんにとっては「どうでもいい」から……なんてことが起きてしまうわけです。

1950年代後半には、ハードセルの時代はいったん終わりを迎え、60年代にはソフトセル＝イメージ広告全盛の時代に入ります。ビル・バーンバック、デイヴィッド・オグルヴィ、レオ・バーネットなどのスタークリエイティブディレクターが登場。「クリエイティブ革命」と呼ばれる、アメリカ広告業界の黄金期を迎えます。ニューヨークのマディソン・アベニューに一流エージェンシーが軒を並べていたこの時代の話は、第2章「ブランド論」であらためて説明しますね。

さて、このクリエイティブ革命が去ったあとに生まれたのが、「ポジショニング論」です。「ポジショニング」という言葉は、アル・ライズとジャック・トラウトが1969年に広告業界誌ではじめて紹介しました。

「情報社会で成功するには、消費者の頭の中に確固たるポジションを築かねばならない。自社ブランドの長所や短所だけでなく、競合ブランドの長所や短所も計算に入れて」＊2

彼らはこう主張し、頭の中での位置づけを争う戦略、ポジショニングは業界に一大旋風を巻き起こします。USPは商品の機能や特徴、ポジショニングは「頭の中の位置づけ」というのがポイントです。

またポジショニングは、広告業界の用語であると同時に経営戦略の概念でもありました。注意してほしいのは、経営者の語る「ポジショニング」と、商品開発者が語る「ポジショニング」、マーケターが語る「ポジショニング」は、似ているようで違うことがあるという点。原因は、それぞれ「競争の捉え方が異なっている」からなのですが、その違いについて、もう少し詳しく説明しましょう。

経営者と商品開発者では「ポジショニング」の意味が違う!?

経営学の世界でのポジショニング論の代表は、世界的に著名な経営学者、マイケル・ポーター。彼は、儲かる市場を選んで、競合に対して優位な位置取りをすることが大切だと説き、著書『競争の戦略』（1980年）の中で、そのための業界構造を分析するフレーム「ファイブフォース分析」を示しました。

基本として知っておいて損はないので、解説しておきましょう。ファイブフォースとは、業界内の競争環境を分析し事業戦略を策定する手法で、業界全体の魅力度を5つの要因から測るものです。

【ポーターのファイブフォース分析】

3つの内的要因

① 売り手の交渉力：原料・部品など仕入れる製品の差別性が高いと、供給業者に対する交渉力が弱くなり、コストアップの要因になってしまう。売り手に対して、自社の重要性を高めなければならない。

② 買い手の交渉力：製品が差別化されていないなど、消費者に対する交渉力が弱いと、価格引き下げの圧力が強まってしまう。寡占度、スイッチングコスト（他社商品に替える金銭的コスト、手間、心理的ハードル）、ブランド力を高めなければならない。

③ 競争企業間の敵対関係：競争が激しいと収益性が低下してしまう。競合の数、規制などによって影響を受ける。

2つの外的要因

④ 新規参入業者の脅威：参入障壁が低いとプレイヤーが増加し、競争が激化

してしまう。生産量を増やし、単位あたりのコストを下げる「規模の経済」やブランド力で参入をあきらめさせなければならない。

⑤代替品の脅威：価格や性能に優れた代替品が存在すると切り替えが起こってしまう。

そして、ポーターは「競争戦略の目標は、業界の競争要因からうまく身を守り、自社に有利なようにその要因を動かせる位置を業界内に見つけること」であり、成功のためには「よい位置取りだけでなく、そのポジショニングを持続するための企業の強みが必要だ」と述べています。

それこそが、ポーターが次の著書『競争優位の戦略』（1985年）で提唱した「バリューチェーン」。バリューチェーンとは、原材料や部品の調達から、技術開発、製造、在庫管理、販売、配送まで、一つひとつの流れがそのつど付加価値（バリュー）を生み出していくものと捉え、それが企業の強みになるという考え方です。

バリューチェーンのどこかで競合企業と違った強みや特徴を持ち、継続的に独自の価値

ポーターのファイブフォース分析

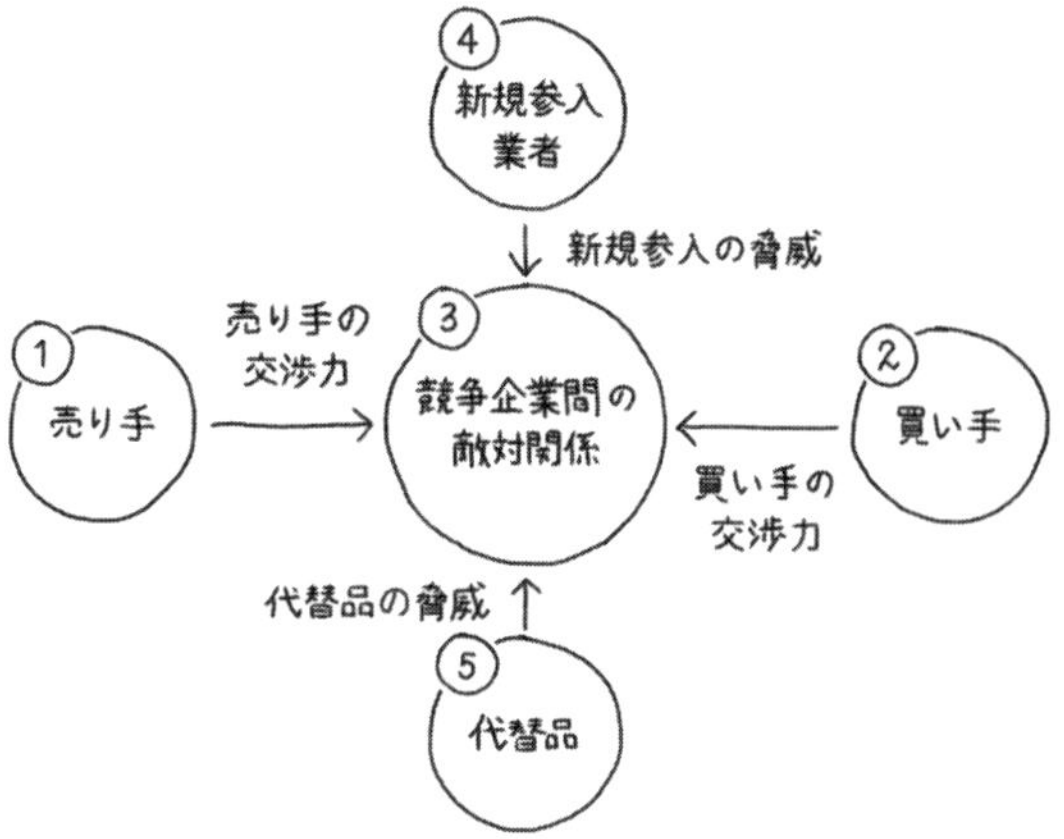

提案ができることが、優れた競争優位の戦略であるとしています。つまり、経営戦略において「ポジショニング」とは、優れたバリューチェーンに裏付けられて、継続的に差別化された商品を提供できること、その企業としての立ち位置のことなのです。

少しややこしいので、例をあげましょう。たとえば、北欧デザインにこだわったモジュール式の組み立て家具を売る世界的な家具販売店「ＩＫＥＡ」。組み立てや配送、梱包を顧客自身に任せるという、競合と違ったバリューチェーンを持つことで、「デザインと機能に優れた北欧家具を低価格で提供する」ポジショニングを実現していますよね。

ここまでは、経営者にとっての「ポジショニング」について。では、商品開発者の場合はどうでしょう。

商品開発者は当然、自分の責任範囲である商品づくりで差別化しなければならないという意識を持っていますから、商品の特徴、機能やデザインなどの違いをポジショニングと捉えるわけです。USPの考え方と似ていますね。

先ほど、経営者と商品開発者、マーケターでは、それぞれ「競争の捉え方が異なっている」と書きました。簡単にいえば、経営者にとっての「ポジショニング」とは、企業の中長期のバリューチェーンの競争で、商品開発者にとってはプロダクトの競争、マーケターにとっては頭の中の位置取りの競争ということ。

みなさんも、違う立場の人と会話をするときには、そのギャップには気をつけてくださいね。

少しの違いやズレを見つけ「価値」に押し広げる

くり返しになりますが、コミュニケーション戦略におけるポジショニング論の最大の特徴は、「消費者の頭の中で、他の商品と違った位置づけを獲得すること」。

あくまで、頭の中、認識上の違いでつくるものですから、プランニングをする際にはまず、お客さんが自社商品と他社商品をどう認識しているのかを知ることが重要です。

スペックで圧倒的な優位にあるなら、もちろん素直にそれをポジショニングとすればいいでしょう。しかし、USPの弱点でも説明したとおり、それが難しい場合や、スペック自体がお客さんにとって興味のないものだったら通用しません。

仮に自社商品と競合商品のスペックを比較して、ほとんど違いがないように感じられたらどうすればいいのでしょう。

ポジショニング戦略はあきらめる？　いえいえ、僕はこういうときこそ、安直にポジショニングをあきらめてはいけないと考えています。一見違いがなさそうに見えても、大抵の場合、いいポジショニング戦略がつくれるからです。

具体的には、商品スペックや機能ベネフィットではなく、価格や大きさ、素材、ターゲットイメージから、情緒ベネフィット、ブランドパーソナリティ、使用シーンや時間、ブランドのビジョンなど、差別化できるポイントを考える。そう、違いは何でつくってもOKなのですから。

売上ナンバーワンとか、最新であるとか、チャレンジャーブランドであるとか、市場での競争上の位置づけそのものをポジショニングとして訴求することもできるでしょう。

また、カテゴリー内に競合がいない場合、代替品や代替行動に対してポジショニングすることもありえます。たとえばダイエットドリンクであれば、ランニングや食事制限といった行動を競合と捉えて、それに比べてどう優れているかを訴求する、といった具合に。

このように、ポジショニングのいいところは、商品スペックと機能ベネフィットで差別化するUSPと比べて、自由度が高いことにあるのです。


本来、ポジショニングは、商品を生み出す前に十分考えられているべきものですが、実際はコミュニケーション戦略をつくる際にあらためて検討されることも少なくないでしょう。市場導入当初は明確な違いがあったのに、類似品を出されて追いつかれてしまったということはよくありますし、そもそも情緒価値やターゲットイメージを使ったポジショニングは、具体的なコミュニケーションを開発する段階でないとつくりづらいものなので。

とはいえ、SNSなどの普及によってこれだけ商品や企業が丸裸にされる時代では、商品にも企業にも立脚せず勝手にポジショニングするのは難しいし、無理があります。CMタレントによって違いをつくるとか、表現や企画を工夫して多少差別化することはできたとしても……。

そこで、商品特徴やお客さんの持っている認識（パーセプション）から、ライバル商品との少しの違いやズレを見つけ、それをお客さんにとっての「価値」に押し広げることが求められる、というわけです。

それでもやっぱり違いがつくれない、となったらどうするか。無理に違いを訴求しようとすれば、お客さんにとって意味のない「偽りの差異」に陥ってしまうので別の手を考えます。とるべき手は2つ。ひとつは商品開発までさかのぼってポジショニングに生かせる商品特徴の違いをつくること（そのように商品開発担当者に求めること）。もうひとつはポジショニング以外の6つの戦略論に可能性を求めることです。

ポジショニングマップは、お客さん目線で軸を設定しよう

それでは、ポジショニング戦略のつくり方について、もう少し具体的に説明しましょう。

ポジショニング論を語るうえで外せないのが、ポジショニングマップ。縦横2軸、4象限に分けたチャート上に自社ブランドと競合ブランドを置いて戦略を表現したものです。

「フランス語には、ポジショニング戦略をひとことで表す表現がある。

『穴を探せ』。」

（アル・ライズ、ジャック・トラウト『ポジショニング戦略』）

この言葉のとおり、教科書的にいえば、ポジショニングの基本はポジショニングマップ上の空いているスペース（ホワイトスペース）を狙うこと。

その際、メーカー目線ではなく、お客さん目線に立った意味のある軸が設定されているかどうかが重要です。たとえ、マップ上にホワイトスペースがあっても、お客さんのニーズがない、そんなケースも往々にしてありえます。本当にそこに顧客のニーズがあるのか、注意深く確認しましょう。

また、競争の激しいこの時代、現在の市場における基本的な価値軸でポジショニングマップをつくったところで、「ここを狙えばいける！」というおいしい穴が開いていることは、

ポジショニングマップの例

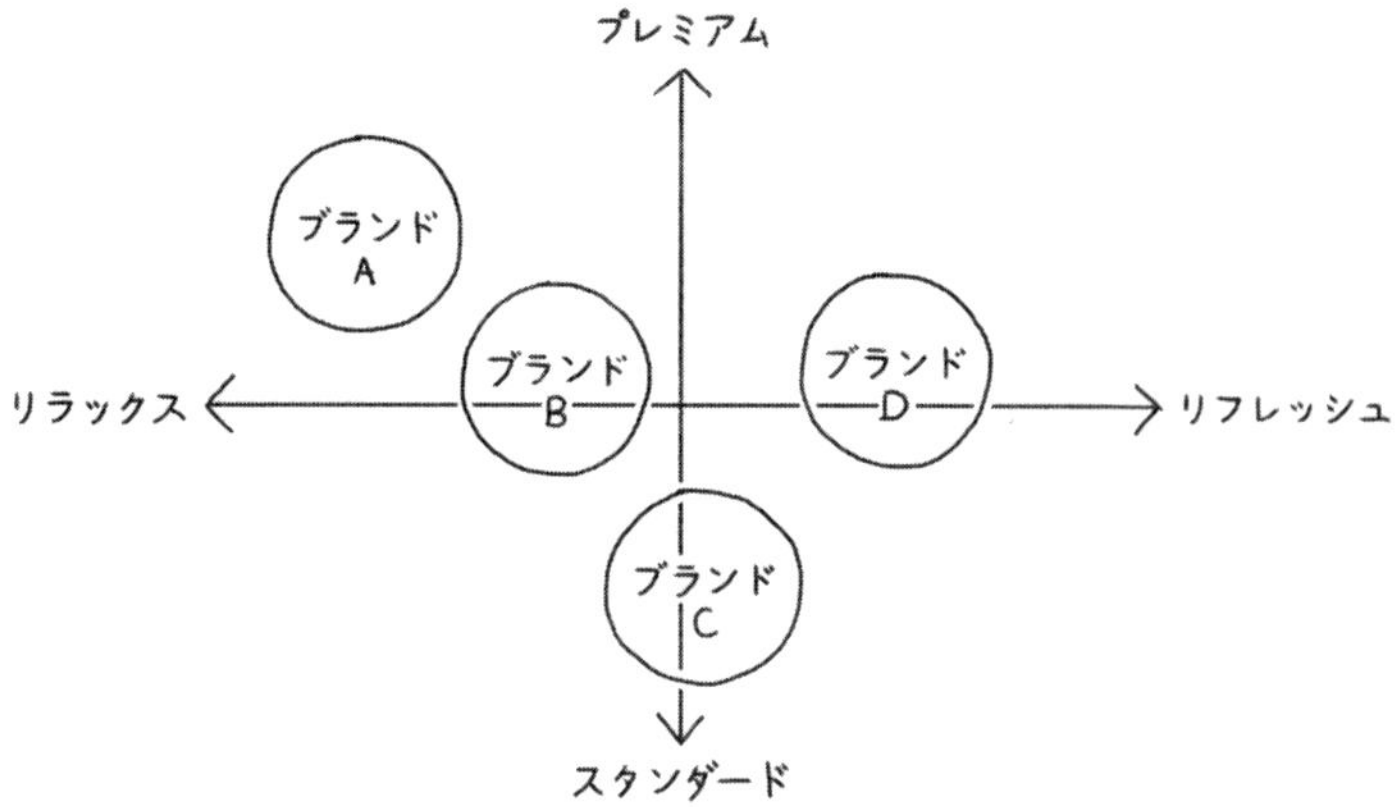

ほぼありません。誰でも見つけられるような穴を、ライバルが見逃しているわけはないのですから。

もっとも大切なのは、自社ブランドにとって有利に働く競争軸を「発見」すること。ホワイトスペースを見つけるためには、潜在的なニーズを捉えて新しい軸をつくる、あるいは時代の変化によるきざしを読み取って新しい軸をつくる、といった視点が重要です。

商品や企業の特徴、お客さんの認識から広げて、どんな切り口でどんな違いをつくるか、どうしたら優位な対立軸を描き出せるか、腕の見せどころです。

ちなみに、ポジショニングマップはなぜ2軸4象限でつくるの？ そんな疑問を持つ方もいるでしょう。確かに、場合によっては1軸、あるいは3軸の

新しい競争軸の発見

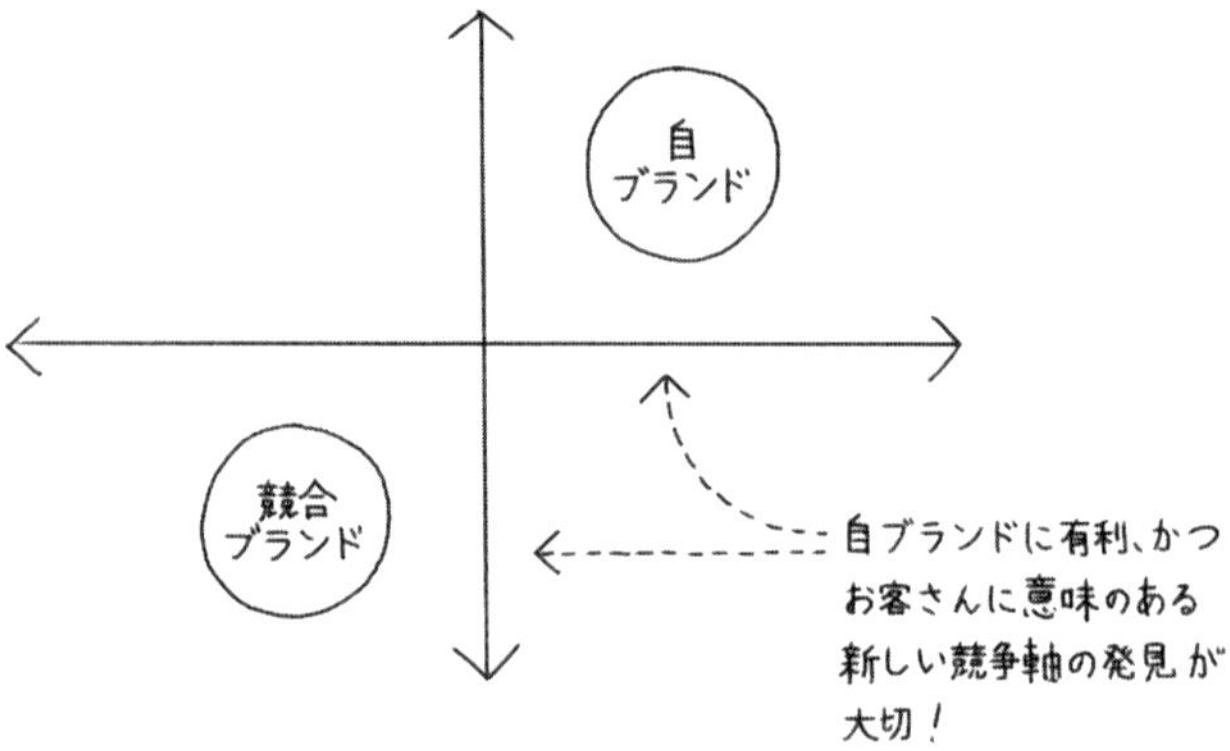

ほうが競争状況を正確に表現できることだってあるはず。お客さんがそのカテゴリーの商品を選ぶ際に頭に描く選択軸の数がそのままマップの軸の数になるべきですから、2軸にこだわる必要はありません。

僕も、ことコミュニケーション戦略においては、1軸でライバルとの二項対立にして考えたほうがわかりやすいと考えています。

とくに、シンプルなワンメッセージに集約されるマス中心のコミュニケーションでは、ポジショニングマップのように軸が2つあると、やるべきことが不明確になりがち。2軸のどちらを訴求するべきかも迷ってしまうし、53ページのポジショニングマップのブランドBのように、AとCの間というような微妙なポジショニングの訴求もしづらいですよね。

その点、二項対立のポジショニングチャートはシンプル。ライバル商品と比較して自ブランドが魅力的に見える軸をつくり、競合の強みが崩せるポジショニングを探し出せばいいのです。

では身近な例をあげて説明しましょう。テーマは「埼玉県vs.千葉県」。

この2県、関東で3番手を争っています。埼玉、千葉県民は、「東京が1番、神奈川が2番なのは認める。でも、3番手はうちの県だ」とそれぞれ思っていて、「うちのほうが都会だ」「うちのほうが東京に出るのが便利だ」と言い争いをしているのです。他県の方にとってはどうでもいい話だと思いますが、当事者は意外と本気です（笑）。

かくいう僕は埼玉県出身。なので埼玉側につくのですが、正直「千葉にはディズニーランドも、海も空港もあるよ。レジャーなら千葉が断然いい」と言われると、「埼玉は劣勢だなあ」と内心思っていました。もちろん埼玉にも楽しいレジャースポットはいろいろありますが、それを言い募っても勝てそうにありません。

さあ、埼玉はどういうポジショニングをとったら、千葉に対して優位に立てるでしょう？

僕の考えたポジショニングは「子育てするなら埼玉県」です。

実は、埼玉県は学習塾・予備校にかける費用が全国1位、書籍・雑誌購入費用も全国1

二項対立のポジショニング
（埼玉県 VS. 千葉県）

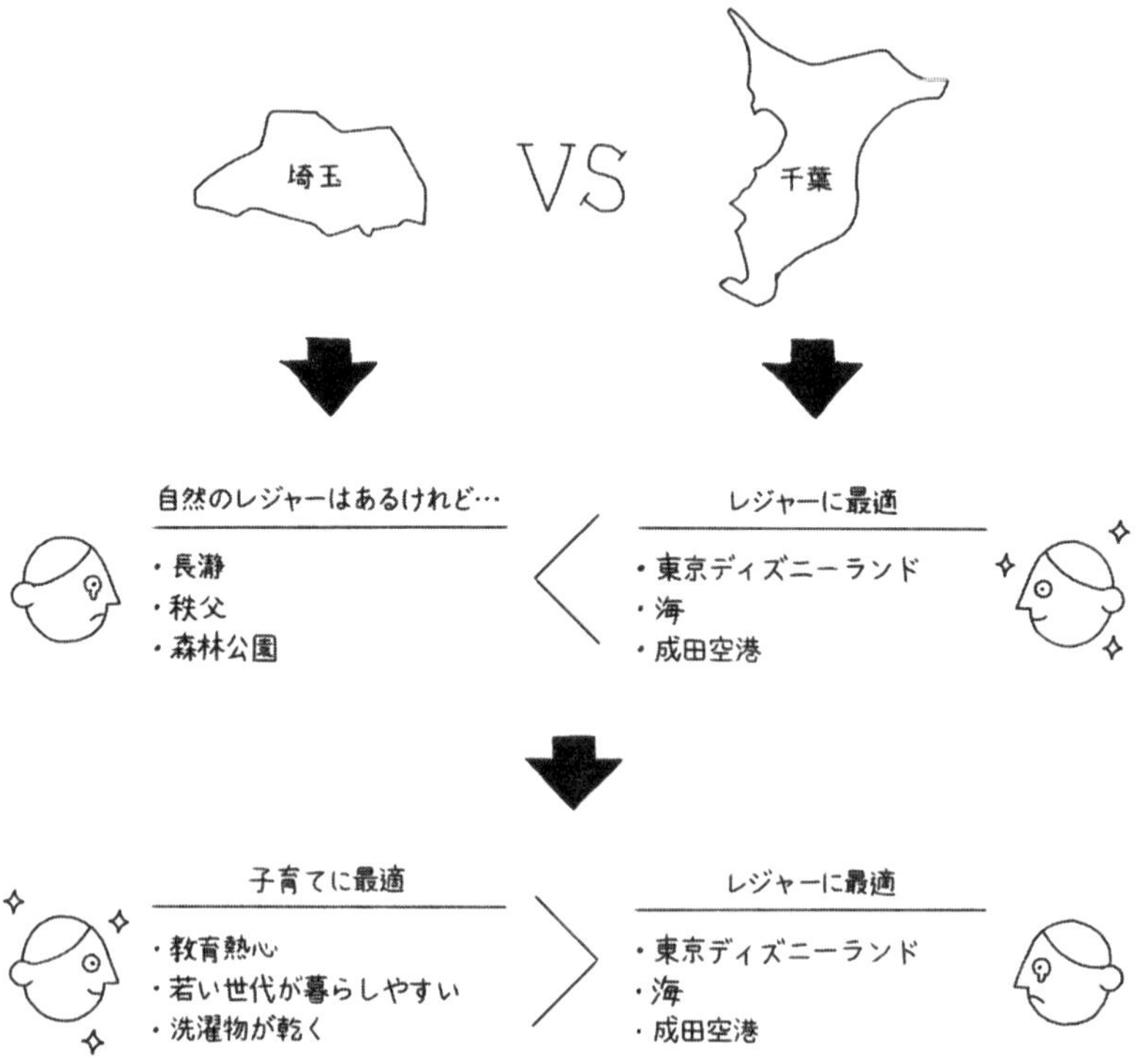

位＊3で、学ぶことや情報を得ることに熱心。早慶、立教など有名大学の付属校もあります。また他都道府県からの転入超過数が全国3位（千葉県は8位）。つまり、若い世代が多く暮らしやすい。また快晴日数全国1位なので、洗濯物がよく乾きます（笑）。

「子育てに最適な埼玉県vs.レジャーに最適な千葉県」という対立構造をつくるのです。

どうでしょう、これなら「千葉は楽しそうだけど、住むなら埼玉のほうがいいかも」と少しは思えてきませんか？　このように自分たちに有利な競争軸を設定するのがポジショニング戦略のポイントです。

ポジショニングは「オーバーテイク型」と「カテゴリーメイク型」に分けられる

さらに、もう少し考えを進めましょう。僕の考えでは、究極のところ、ポジショニング戦略によって自ブランドを魅力的に見せる方法は、次の2つしかありません。

A：既存の価値軸の中で競合に勝る違いをつくる
B：まったく新しい価値軸を打ち立てて違いをつくる

前者を「オーバーテイク型」、後者を「カテゴリーメイク型」と名付けましょう。

オーバーテイク型は、現在の市場の中心価値を、競合とは違うアプローチで奪う方法です。通常どのカテゴリーにおいても、お客さんのニーズ（中心価値）はいくつかしかありません。たとえば、緑茶飲料であれば「おいしい」「体によさそう」「リラックスできる」、シャンプーなら「ダメージケア」「地肌へのやさしさ」「仕上がりの美しさ」といったところでしょうか。おいしいならおいしい、リラックスできるならリラックスできるといった価値について、競合に比べて「優れている理由」を提示するというわけ。

一方、カテゴリーメイク型は既存の市場から離れた新しい価値軸をつくり、こっちのほうがいいよと広め、「新しい選び方（基準）」を提示する方法です。

オーバーテイク型とカテゴリーメイク型

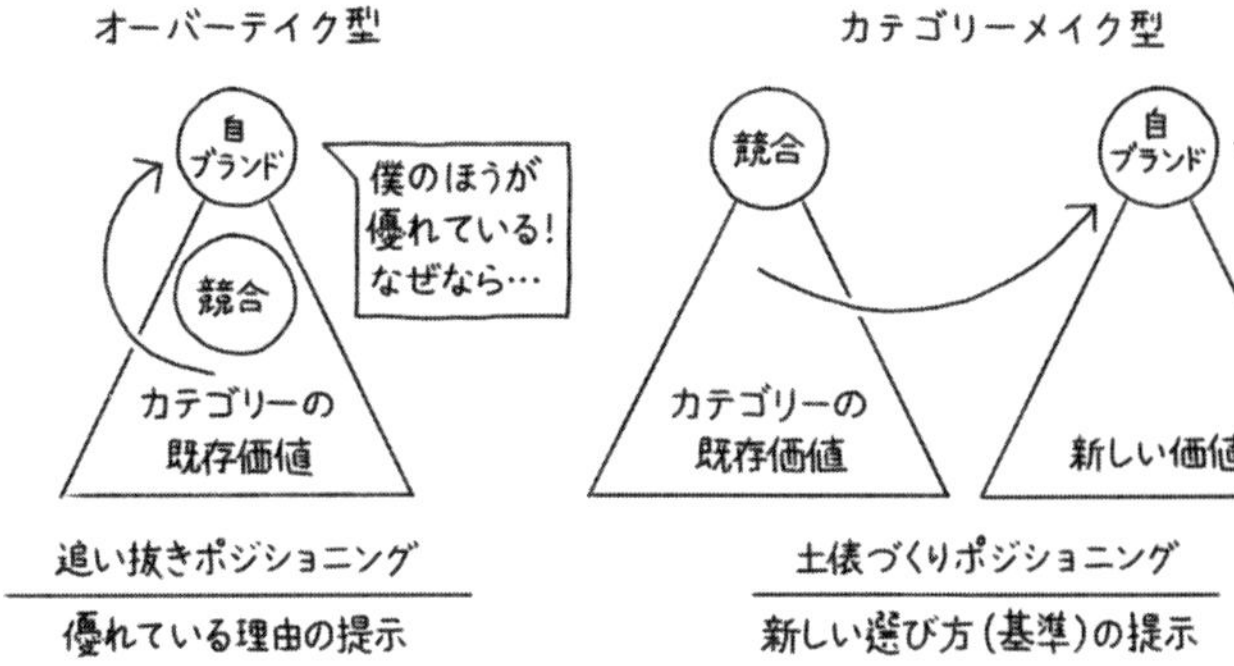

例をあげましょう。スポーツができる男子がモテる高校があるとします。A君はバスケ部キャプテンで運動神経抜群、B君はサッカー部のエースで俊足、あなたは地味な卓球部所属で努力型。学校の女子たちの人気をめぐって、強力なライバルである2人と、どう戦えばいいでしょうか？

ひとつには、ストレートに「努力ができるスポーツマンこそがかっこいいんだ」とアピールする方法があるでしょう。これは、あくまで「スポーツマンがモテる」というルールの中での戦い、つまりオーバーテイク型の戦いです。

あるいは、実は隠れた趣味だったギターの腕を武器に「スポーツでモテるなんて中学生までだよ。楽器が演奏できるほうがかっこいいだろ」とばかりに、みんなの前で一曲披露する手もあります。楽器が演奏できるという新しい価値軸をつくり、選び方そのものを変えるように仕向ける、これがカテゴリーメイク型の戦い。

誰もなびいてくれないリスクがある半面、うまくいけば女子の人気を根こそぎ獲得できる。だって、その軸にはライバルがいないのですから。

違いで人を動かすのがポジショニング論ですから、違いが大きいカテゴリーメイク型のほうが戦略としては鮮やかだし、成功した際のリターンも大きいもの。しかし、選び方そのものを新しく提案するので、うまくいかないリスクも当然つきまといます。

たとえば、「エコ」でミネラルウォーターを選ぶという価値軸をつくったコカ・コーラの「い・ろ・は・す」、「NEW NEXT NIPPON NORIMONO」というコピーで軽自動車でありながら新たなカテゴリーの商品にしてみせたホンダの「N-BOX」などは、このカテゴリーメイク型。

せっかくなので、僕がお手伝いさせてもらったブランドのことも少し紹介すると、茶畑やリラックスイメージで市場の中心にいた競合に対し、京都の老舗茶舗の上質なお茶という軸を打ち立てた「伊右衛門」、それまで中年男性がメタボ対策に飲んでいたトクホ茶を、主婦やシニアも含めた幅広い層がふだん使いできるようにした「伊右衛門 特茶」、コク・キレといった味わい訴求でしのぎを削っていたビール市場にプレミアムカテゴリーをつくった「ザ・プレミアム・モルツ」などはカテゴリーメイク型ですね。

ただ実際は、多くのポジショニング戦略はオーバーテイク型。成熟した市場ではお客さんのニーズは絞られ、そう簡単に新しい価値軸は打ち立てられませんから、既存の価値の中で、ベターな選択に見せる戦い方をするのがスタンダードでしょう。

もちろんカテゴリーメイク型のように大きな違いをつくることは大切ですが、違いをつくろうとするあまり、ブランドの特徴とターゲットを安易に尖らせすぎるのも考えもの。とくにマスブランドの場合、競合と違うポジショニングを狙いすぎた結果、一部の人しか求めないニッチなブランドになってしまう危険性があります。エッジの効いたポジショニングとメジャー感のバランスをうまくとることも、また重要なのです。

まとめ

・ポジショニング論は、「違い」が人を動かすと考える戦略論。
・ポジショニングとは、顧客のニーズを汲み取りながら、お客さんの頭の中で、競合と違った位置づけを得ること。
・大切なのは、自ブランドにとって有利に働く競争軸を発見すること。
・ライバル商品との対立構造で立案するとクリアな戦略がつくりやすい。
・大きく分けて2つの戦い方がある。既存の価値軸で競合に勝る「オーバーテイク型」と、新しい価値軸を打ち立てる「カテゴリーメイク型」。

強み

・頭の中の位置づけなので、多様な「違い」のつくり方が可能。

・お客さんの商品購買に直結する選択肢を提示できる。
・商品の特徴や機能ベネフィットにきちんと立脚している。
・広告などで訴求しやすい。

弱み

・市場が成熟し類似品が増えると「違い」の設定が困難。
・お客さんの関心が低いカテゴリーだと「違い」を訴求しても響かない。

＊1　ロッサー・リーブス『USP　ユニーク・セリング・プロポジション』（海と月社、2012年）
＊2　アル・ライズ、ジャック・トラウト『ポジショニング戦略〔新版〕』（海と月社、2008年）
＊3　総務省家計調査（2008年）

Brand

ブランド論

「らしさ」の記憶が、人を動かす。

第2章　ブランド論

「違い」こそが人を動かすポジショニング論に対し、「ブランド論」は、「らしさ」の記憶こそが人を動かすという考え方。現在のコミュニケーション戦略の最重要理論のひとつです。

ちなみに、「ブランド」という言葉の語源は、もともと牛飼いが自分の牛と他人の牛を区別するために押した焼き印（Burned）だそう。アメリカ・マーケティング協会（AMA：American Marketing Association）による定義は、その考え方を踏襲していて、「個別の売り手の商品・サービスを競合他社のものと区別するための名称、言葉、記号、シンボル、デザイン、あるいはその他のもの」としています。

とはいえ、焼き印やシンボルは「マーク」でしかありません。そのマークを見るだけで、商品の特徴、品質、価値などが思い浮かんでくる状態になってはじめてブランドとなるわけです。

ブランドとは何か？ その定義は多面的であり、かつ進化を続けています。ブランドづくりの観点から見ると、「らしさ」の記憶というのがもっともオーソドックスですが、お客さんの気持ちに着目すれば「好意」であるともいえますし、商品とお客さんの関係に着目すれば「約束」であるともいえます。これらはどれも、実態を捉えた正しい定義。歴史をたどりながら、その意味を理解していきましょう。

歴史

ブランドイメージ論：
広告で伝えるイメージ・印象をブランドと考える

ひと口に「ブランド」といっても、その意味合いや役割は歴史とともに変わってきました。その流れを簡単に説明すると、ブランドイメージ論→ブランドエクイティ論→ブランドアイデンティティ論→ブランドエクスペリエンス論となります。

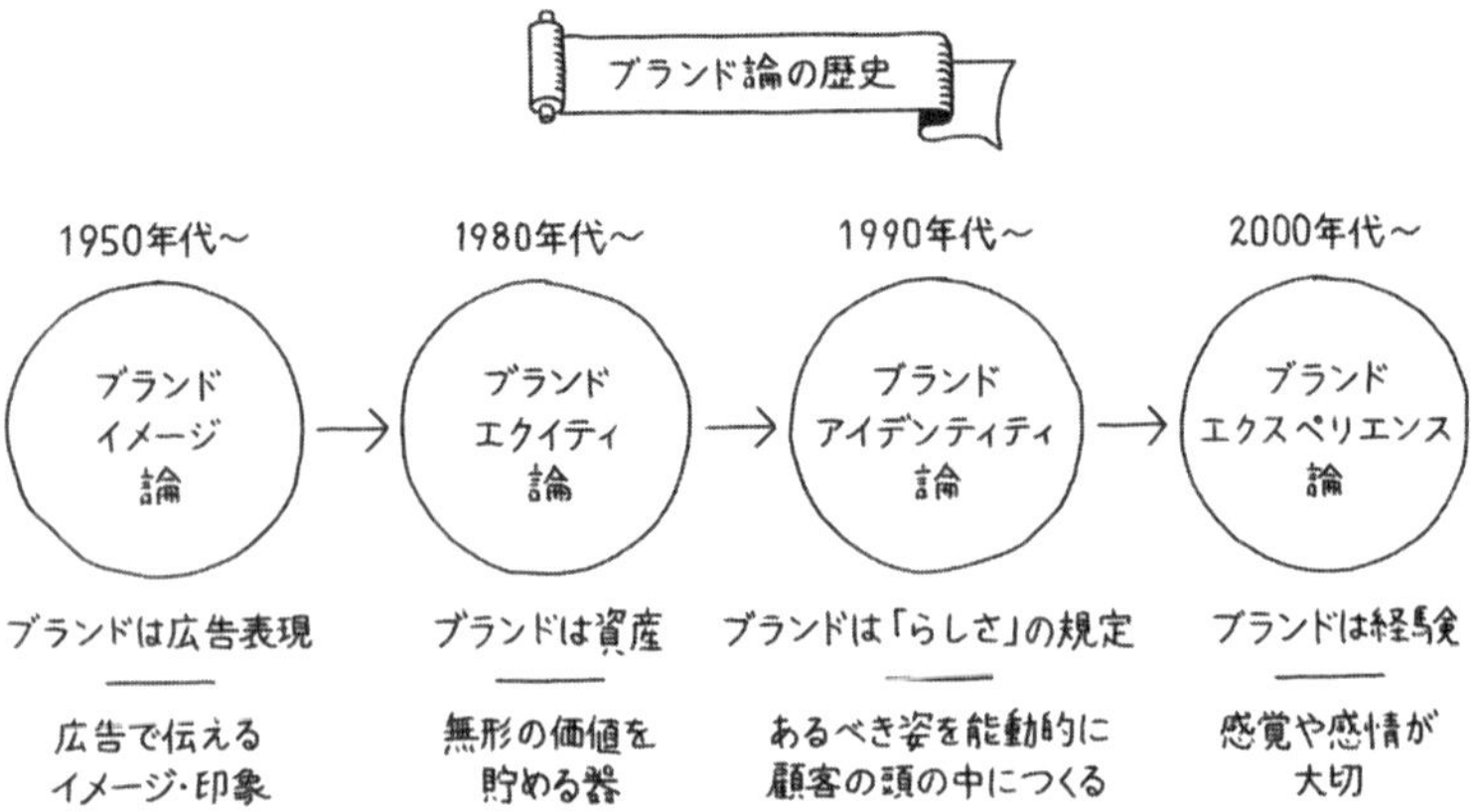

コミュニケーション戦略における「ブランド」という概念は、1950年代に生まれました。四大マス広告（新聞・雑誌・テレビ・ラジオ）、とりわけテレビCMによってマーケティングコミュニケーションがつくられていた時代です。

私たちがふだん、何気なく使っている「ブランドイメージ」という言葉。それをはじめて使ったのは、デイヴィッド・オグルヴィ（WPPグループの中核のひとつで世界有数の広告会社、オグルヴィ・アンド・メイザーの創設者）だといわれています。

1955年に、彼は「ブランドは複雑なシンボルである。それは、商品の属性、名称、パッケージング、価格、歴史、評判、そして広告手法の目に見えない集合体である。ブランドは、またそれを使用する人の印象と、その人自身の経験により定義される」＊1と述べていて、すでにこの時点で現代にも通用するブランドの定義を言い尽くしています。

1950〜60年代は、ニューヨークのマディソン・アベニューでまさに広告文化が花開いた時代。ビジュアルを駆使し、イメージや世界観を重視したソフトセル（情緒やイメージを重視した広告）全盛のクリエイティブ革命の時代を迎えていました。

USPを提唱したロッサー・リーブスはハードセル（商品特徴や機能を訴求する伝え方）の中心人物だと書きましたが、オグルヴィはそれに対抗するソフトセルの代表。この時代には、オグルヴィ以外にも、レオ・バーネット（ピュブリシス・グループの中核のひとつで、世界有数の広告会社レオ・バーネットの創設者）、ビル・バーンバック（広告会社DDBの創設者のひとり）といったスタークリエイターが次々と登場し、「クリエイティブディレクター」という役割が確立されました。

では、この当時の名作広告をいくつか見ながら「ブランドイメージ」とは何なのかを探っていきましょう。まずは、デイヴィッド・オグルヴィのつくった広告から。彼の作品で有名なのは「アイ・パッチの男」、ハサウェイというシャツブランドの売上を倍増させた広告です。

C.F.ハサウェイ「アイ・パッチの男」(『Ogilvy on Advertising』1983年刊 P59より引用)

シャツの広告なのに、そのキャラクターの男性がアイパッチをつけているというのは斬新ですよね。この広告の魅力は、広告ビジュアルの中に顧客の想像力を刺激する物語があること。

「あの紳士は、なんで黒い眼帯をつけているのだろう?」「決闘でもしたのだろうか?」「仕立てのいいシャツに身を包んでいる紳士だが、実は勇敢さを秘めた男なのだろうか?」……と想像が膨らむわけです。

オグルヴィ自身も、「アイ・パッチで、ハサウェイを着た男はストーリーをもっている、ということを暗示するつもりであった」*2と述べています。この広告シリーズによって、あまたあるシャツブランドの中で、ハサウェイのブランドイメー

©360b / Shutterstock.com

左から「マールボロマン」、ケロッグ「トニー・ザ・タイガー」

ジをつくることに成功しました。

レオ・バーネットも負けていません。「マールボロマン」やケロッグの「トニー・ザ・タイガー」など、キャラクターを活用したブランド表現手法で、新しい広告の潮流をつくりました。

ビル・バーンバック率いる広告会社DDBは、1959年に、フォルクスワーゲンの伝説の広告キャンペーン「Think small.」を始めます。

大きいものはいいことだという価値観を信じて疑わなかった当時のアメリカで、その時流に反して小さい車の価値を語り、ワーゲンを選ぶ人は賢い消費者だと主張しました。ブランドの持つ哲学を顧客の価値観と重ね合わせる、今でも色あせない広告ですよね。

このように、「ブランドイメージ」とは、広告

フォルクスワーゲン「Think small.」

で伝えるイメージ・印象だったわけです。

ブランドエクイティ論：記憶されている知識や感情まで含めて「資産」

少し時代は飛んで、１９８０～90年代になると、新しい理論が登場します。

１９８０年代は、企業のグローバル化が進み、ブランドもまたグローバル化していく時代。その象徴的な例がＮＩＫＥで、急速にグローバル展開を進めていくなかで、世界各国で統一したブランド管理をする必要がありました。そして、１９８８年に誕生したのが、あの有名なタグライン（メッセージや理念をコンパクトに表現したもの）「Just do it.」です。

また、この時代、企業を買収してその資産を活用するM&Aに注目が集まりました。その結果、企業の無形資産である「ブランド」も金銭評価する必要が生まれたのです。サッチャー政権下のイギリスでは、ブランドの会計価値が認められるようになっていたことからも、その重要性がわかるでしょう。

さらに、アメリカでも日本でも、小売り大手が大規模店舗を次々と展開し、影響力を強めていきました。メーカーサイドとしては、付加価値を高めた商品をつくっていかなければ、価格交渉力も弱くなってしまうし、当時生まれ始めたPB（プライベートブランド）に取って代わられてしまう。そんな危惧もあって、ブランドの価値に興味が集まったというわけ。

こうした時代背景のもとで生まれたのが、「ブランドエクイティ」という考え方です。バイブルは、ブランド論の大家、デイヴィッド・アーカーの『Managing Brand Equity（邦題：ブランドエクイティ戦略）』（1991年）。ブランドエクイティという言葉自体は、80年代から使われていたようですから、それを理論にまとめて広めたのがアーカーという認識が正しいでしょう。

ブランドエクイティ論の新しさは、ブランドを広告で伝えるイメージ・印象ではなく、価値をストックしていく無形資産の「器」と捉え直したところにありました。アーカーによる定義は、次の5つです。

【アーカーのブランドエクイティ 5要素】

①ブランドロイヤルティ：顧客がブランドに対して持つ執着心の強さ
②ブランド認知：あるブランドがその製品カテゴリーに属していることを、潜在顧客が認識あるいは想起できること
③知覚品質：あるブランドが代替品と比べて品質が優れていると顧客が認識していること
④ブランド連想：ブランドから連想して記憶されているすべてのこと
⑤その他の所有権のあるブランド資産：パテント、トレードマーク、チャネル関係、それ以外の所有権のある資産

マーケティング活動の成果として、消費者の頭の中に記憶されているブランドについての知識や感情まで含めて「資産」だというわけ。アーカーのこの理論は、5つのインパクトをもたらしました。

1つ目は、ブランドが経営戦略レイヤーのテーマに格上げされたこと。それまでブランドは広告表現で伝えるイメージで、主に宣伝部が担う領域でしたが、ブランドを資産と捉えることで、経営者が関与し組織全体として関わるものになりました。

2つ目は、「知覚品質」がクローズアップされたこと。人間が実際に知覚する品質は、物性上のスペックとは必ずしも一致しないという考え方です。いくら作り手が競合に比べて圧倒的に優れていると自信を持っていたとしても、顧客にとって実感できなければ、その商品は魅力的ではない。逆に、仮に錯覚であっても顧客が優れていると感じればそれが品質である、ということです。

強いブランドを生み出そうとするのであれば、商品自体の品質向上はもちろん、知覚品質を高めなければ成果は上がらない。これによって、顧客主導の視点がより推し進められることになりました。

3つ目は、「ブランドロイヤルティ」という概念が注目を集めたこと。ブランドロイヤルティは、1950年代に提唱されていた概念*3ですが、当時はあまり注目されていませんでした。ロイヤルティ（忠誠心、思い入れ）が高ければ、反復購買が起こることはもちろん、ブランドスイッチしにくくなったり、口の端に上ったり、継続的な利益を生み出してくれます。

ブランドを資産と捉えることによって、継続的に利益を生み出すロイヤルティの価値が注目されるようになったのです。新規客の獲得ばかりに目を奪われるのでなく、くり返し購入してくれるロイヤルカスタマー、つまりお得意さんをもっと大切にしようという考え方に目が向けられるようになりました。

4つ目は、「価格プレミアム」に着目するようになったこと。価格プレミアムとは、お客さんがあるブランドに対して、他のブランドよりも余分に対価を払ってもよいと考える価格差のことです。コミュニケーションの諸活動が、結果として高い価格プレミアムの維持・形成に役立ち、利益につながると評価されるようになりました。

それまでのマーケティングコミュニケーションの目的は「たくさんの人に買ってもらう＝量軸」ことが中心でしたが、ブランドエクイティ論では「高く＝価値軸」「長く＝時間軸」買ってもらうことにまで、その意味が広がったのです。

5つ目は、「ブランド連想」の重視。ブランドづくりとは、頭の中の連想構造づくりともいえます。ブランドの名前を聞いたら、どんな言葉や概念、ビジュアルや感情が思い浮かぶか、それらがどのくらい強いか、どのくらい強固につながっているか……。購買の際に想起させることが重要だと考えるようになりました。

ちなみに、80年代には、ブランドにまつわる日本独自の事象として「CIブーム」が起こりました。「コーポレートアイデンティティ（CI）」とは、企業文化を確立し、統一したマーク、デザイン、メッセージで発信していく活動のこと。日本経済が拡大し、企業が事業を多角化するなかで、新たな企業イメージの構築が必要だという考え方のもと、多くの企業が次々とロゴなどを改変していったのです。

CIブームは、企業が自社のブランドや企業理念を見つめ直すよい機会だったという評価もある一方で、単なるVI（ビジュアルアイデンティティ）の統一がされただけ、あるいは社名を変更しただけの表層レベルの活動だったという意見も。また、社員が「らしさ」をしっかり共有していないため、CIをどのように展開し、運用していけばよいかわからなかったという批判もありました。

ブランドアイデンティティ論：どんな意味を込めたいか、提供価値や存在意義とは何か

こうして、経営全般にインパクトを与えたブランドエクイティ論ですが、プランニングの現場からすると、少し物足りない点もありました。というのも、エクイティ論はさまざまな活動の「結果」を整理して見るという面では優れていましたが、広告や商品開発を通じてブランドをつくっていく現場担当者からすると、具体的に何をすればいいのかがわかりづらかったから。

そこで登場したのが、「ブランドアイデンティティ論」です。ブランドのあるべき姿を明確化するために、アイデンティティに一貫性を持たせて、効率的、効果的に消費者に提案すること。ブランドにどんな意味を込めたいか、ブランドの提供価値や存在意義とは何かを考え、それらを論理的に規定しようとしたわけです。

学問的に、この理論の牽引役となったのが、ブランド論の三大聖人ともいわれる3人。ブランドエクイティ論を提唱したデイヴィッド・アーカーは、1995年に『Building

Strong Brands（邦題：ブランド優位の戦略）』を著し、ブランド構築の枠組みを提示するとともに、これまでのような「ブランドイメージ」ではなく、ブランドを戦略的にどう認知させたいか、企業側が能動的に創り出していくのが「ブランドアイデンティティ」であると提唱しました。

また、ケビン・ケラーは1998年に『Strategic Brand Management（邦題：戦略的ブランド・マネジメント）』を著し、「CBBE」（顧客ベースのブランドエクイティ・ピラミッド）という、有名なブランドアイデンティティ規定モデルを提示しました。

そして、パリのビジネススクール、HEC Parisの教授ジャン・ノエル・カプフェレが発表した「ブランドアイデンティティ・プリズム」。日本では『ブランドマーケティングの再創造』（2004年）の出版によって、ようやく知られることになった印象ですが、このモデルは1992年に発表されています。

これらの理論やモデルは、いずれも世界的な企業やエージェンシーで活用されてきました。ちなみに、日本発のブランド構築モデルとしては、ブランドを7つの要素で規定した、電通の「ハニカムモデル」が有名ですね。

ブランドアイデンティティを規定するフレームワーク（モデル）は、もちろん各エージェンシーやメーカーごとに違いますし、対象がクルマなのかトイレタリーなのか、商品カテゴリーによっても異なるもの。

一般的には、以下の6つがベーシックな要素でしょう。

【ベーシックなブランドアイデンティティ規定の要素】

①コアバリュー(ブランドエッセンス):ブランドが持つ中心的な価値
②属性:製品やサービスが備えている特徴
③機能価値(機能ベネフィット):機能的・実用的なメリット
④情緒価値(情緒ベネフィット):情緒的・感覚的なメリット
⑤理想顧客像:理想的な顧客の姿。明確なひとりの人間像で描かれるもの
⑥パーソナリティ:ブランドを人間と捉えたときの人格や性格

ここにさらに「ミッション」(ブランドが果たすべき使命・役割)、「ビジョン」(ブラン

ベーシックなブランドアイデンティティ規定の要素

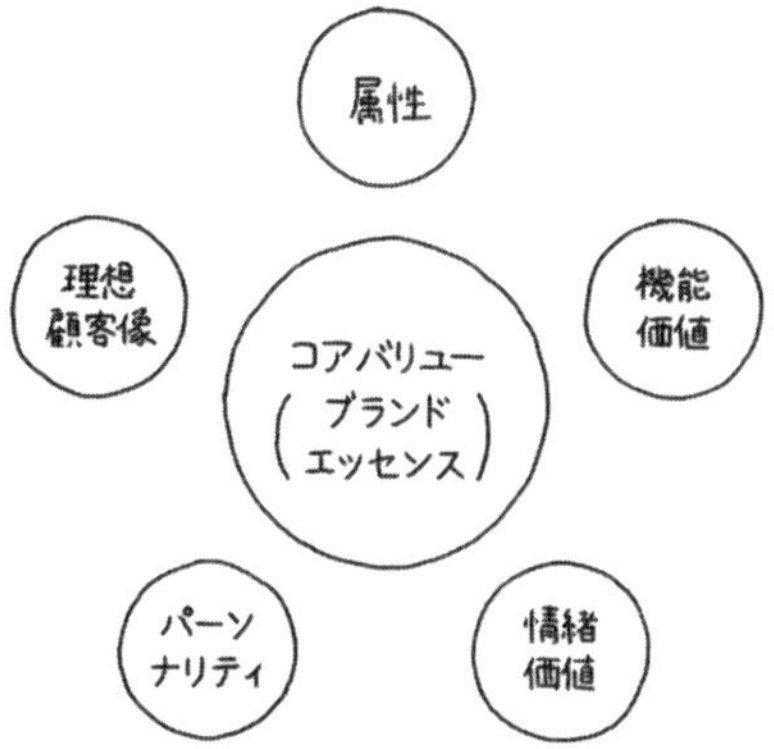

ドが目指すべき将来の姿)、「自己表現価値」(所有・利用することで自己表現できるようなメリット)、「シンボル」(ブランドを象徴するロゴや形状など)、「製品外特性」(商品スペック以外でブランドが持つ特徴)、「ドメイン」(製品領域)などを加えることで、各社のモデルの特徴が出てきます。

ブランドアイデンティティの構造は、こういった商品属性があるから、こういった機能価値がある、こういった機能価値があるから、こういった情緒価値があるといったように、〈商品属性→機能価値→情緒価値〉と階段を上がっていくもの。

これは1980年代に、レイノルズとガットマンらによって研究された「手段－目的連鎖モデル(A Means End Chain Model)」の考え方がベースになっています。目標を達成するための手段が新たな目標（下位目標）となり、さらに、それを達成する手段につながっていくというモデルです。

こうした価値のつながりを解き明かす方法としては、「ラダリング」と呼ばれる調査手法があります。日本でも一時期よく使われたので、きっとご存じの方もいますよね。なぜその商品を選んだのか、なぜその機能が重要だったのか……と、「なんで」をくり返して深掘りしていくことで、商品属性がどのような価値につながって購買に結びついたのかを明らかにしていく定性調査手法です。

ブランドはロジックとマジックでできている

さらにブランドアイデンティティ論を深めていきましょう。

ここまで見てきたブランド論の隆盛は、ただ新しさを追求し商品リニューアルを繰り返す、マスマーケティングの消耗戦への反省、反作用でもありました。

そのためブランドアイデンティティ論の確立後の1990年代から2000年代前半、世界中の多くの企業では、ブランドを管理するためにブランド価値の「規定書」を完成させることに莫大なエネルギーを費やし、社内外に向けて発信する「ブランドステートメント」や「ブランドブック」がさかんにつくられます。

それらがときに副作用をもたらすようになりました。アイデンティティを「規定」することは、過度なブランドの固定化・ルール化につながっていき、やがてルールの遵守そのものが目的化してしまうといった事態を引き起こします。「規定」する姿勢によって、進化やクリエイティビティを抑制してしまい、ルールさえ守ればいいという勘違いが広がってしまったのです。

規定どおりに表現されているかどうかをチェックする調査スコアばかりを意識するあまり、広告表現がつまらないものになったというマイナス面もありました。

この事実が示唆しているのは、そもそもブランドを言語で規定する論理的なアプローチそのものの限界でしょう。「ブランドはロジックとマジックでできている」といわれるように、商品機能の足し算がブランドではなく、連鎖した記憶（映像の記憶や、個人的な経験の記憶も紐づいたもの）がひとつの塊になり、好意的な感情で包まれることでブランドとなります。

現在、ブランド管理の方法はさまざま。理屈だけではブランドはつくれないし、ブランド表現には飛躍だって必要。最終的には論理を超えて、「これなんか好きだなあ」と思わせるものでなければなりません。

そのためにブランドを言語だけでなく、ビジュアルや音など非言語的なものも含めて規定するやり方もあれば、ひとりのクリエイティブディレクターに任せることで世界観を統一するやり方もあるし、あえて言語化した規定をつくらずに、社員の間で暗黙知として感覚的に共有される「そのブランドらしさ」を大切にする場合もあるでしょう。ラグジュアリーブランドやファッションブランドには、このケースが多いですね。


また、ブランドには「期待をつくる」という役割もあります。たとえば、ある高級な赤ワインを飲む前に、ソムリエから「チョコレートのようなビターな香りがしますよ」と言われれば、人は意識してその味を探しにいきますよね。結果、その味を感じ取っておいしいと思う。つまり、期待によって味が変わってくる、というわけ。

「こんな素敵なことがあるから期待してくださいね」という期待感をつくり、納得や満足につながれば、高いお金を払ったり、くり返し購入する動機になるのです。

このようにロジックとマジックが交わるところこそが、ブランディングの肝。クリエイティブディレクターの真価がもっとも発揮される領域です。

〈インパクト→腹落ち→反復〉の連想構造が鍵

次は「記憶」という側面からブランドを見ていきましょう。

ブランドの構造について、もう少し理解を深めるために例をひとつ。「富士の磨き水」という架空のブランドのミネラルウォーターで考えてみましょう。

何も意識せずに飲めば、ただの喉の渇きを癒す水でも、「富士山麓の太古の地層でゆっくり濾過され磨かれたミネラルバランスのよい水」と言われれば、味わいも変わってきますよね。「富士山」「太古の地層」「濾過」「ミネラルバランス」といったワードの足し算でなく、それらが組み合わさったつながりから、「ぼわっと」頭の中に描き出される「像」、

「富士の磨き水」ミネラルウォーターの
連想構造例

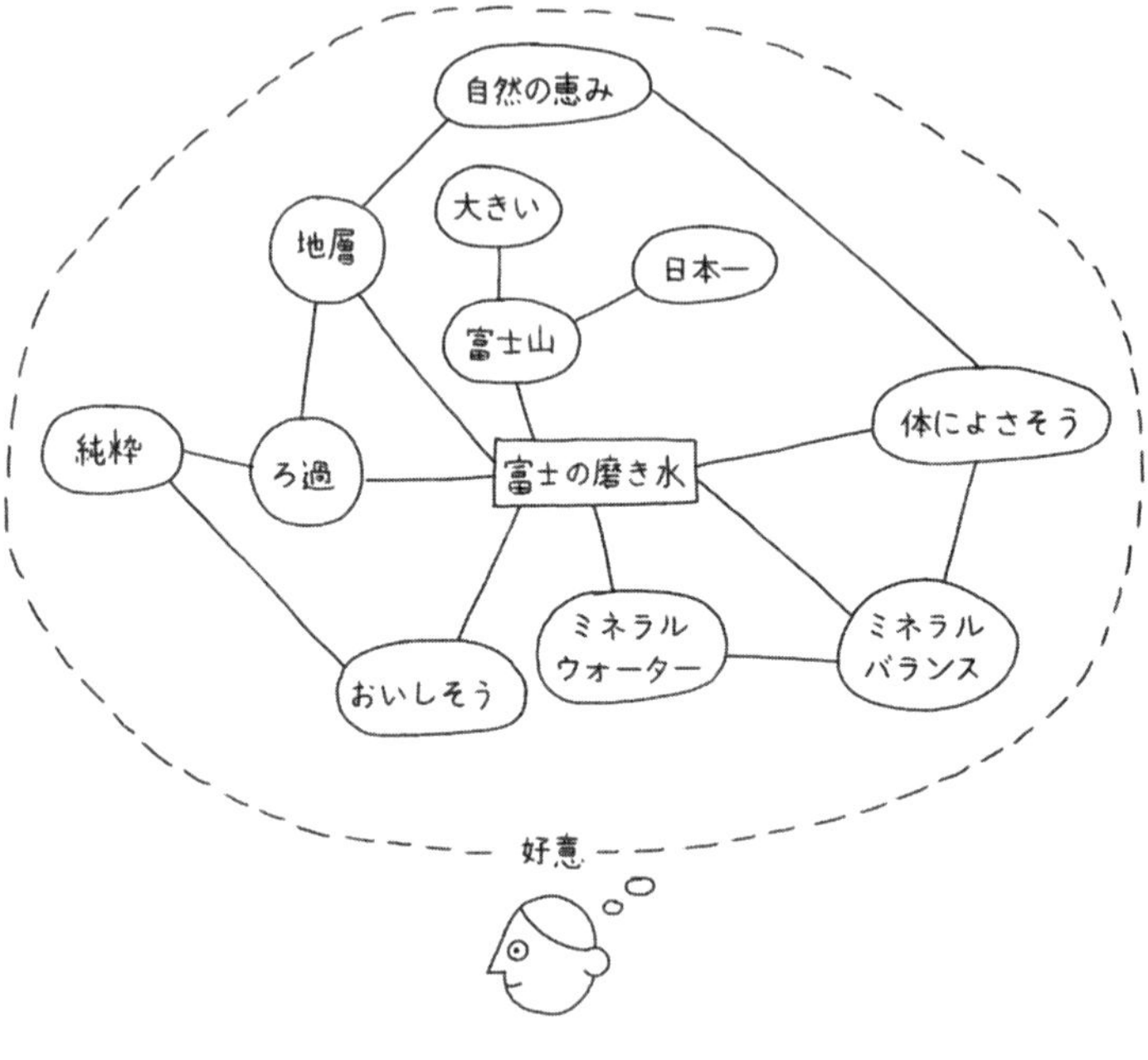

それがブランドです。

よく考えると「富士山」も「太古の地層」も「ミネラルバランス」も、ミネラルウォーターにとってどうよいのか、正確に理解できているわけではありませんよね。しかし、それぞれの言葉からは、自分自身のこれまでの知識・経験でつくられた感情や好意、映像が連想され、それらを含めた連鎖によって「なんかよさそう」という期待がつくられる。そのブラックボックスがマジックを生み出すわけです。


なぜ、こういった連想構造がブランドづくりに大切なのか？　それは実は人間の記憶の仕組みと関係があります。

人間が持っている記憶装置は、短期記憶と長期記憶の2つ。仕組みを簡単に説明すると、目や耳といった「感覚レジスター」に入ってきた情報の中で、とくに注意が向けられたものだけが、まず「短期記憶」に送り込まれます。ちなみにこの短期記憶、わずか15秒以内に入ってきた情報の90％以上を忘れてしまうそう。そして残った一部が「長期記憶」へと転送され、貯蔵されるという仕組み。

では、その一部に残るものと残らないものの違いは、どこにあるのか？　それは、すで

記憶の構造

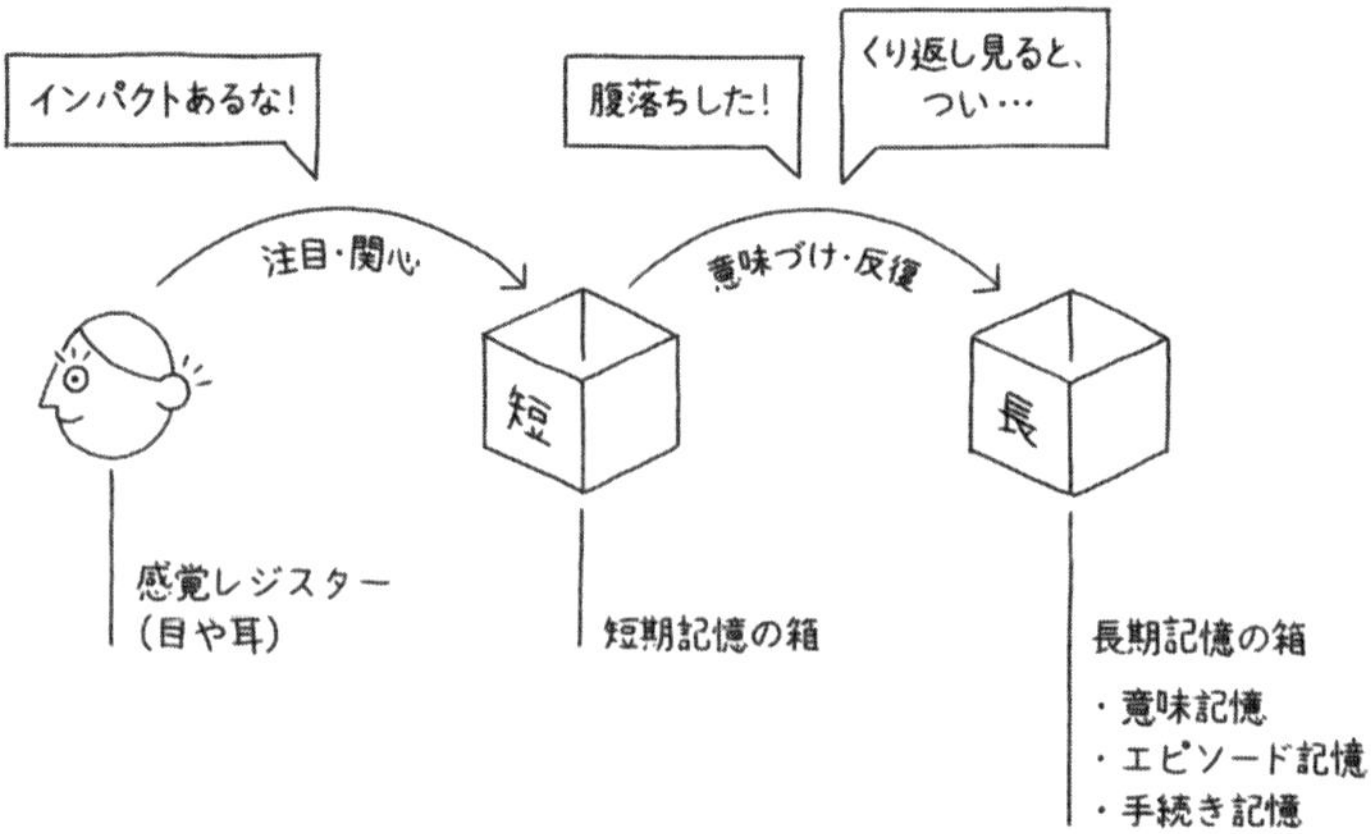

に長期記憶に入っている知識によって「意味づけ」されるかどうか。

言い換えると、新しく入ってきた情報が、これまでの知識をベースに理解できる、関連づけられる、腹落ちすると長期記憶に残れるわけです。また、短期記憶を何度もくり返しているうちに、自然に覚えてしまうこと（リサーキュレーション）もあるそう。これも、なんとなく実感としてわかりますよね。

短期記憶から転送され「長期記憶」に溜め込まれる情報は、さらに「意味記憶」「エピソード記憶」「手続き記憶」の3つに分かれます。

意味記憶は、概念など一般的な知識についての記憶。エピソード記憶とは、特定の時間的・空間的に関連した個人的な出来事、経験の記憶です。エピソード記憶は蓄積されていくうちに時間や場所の部分がそぎ落とされ、最終的には意味記憶となります。手続き記憶は技能や手続き、ノウハウといったもので、意識しなくても使うことができる、いわゆる「体が覚えている」状態のもの。たとえば、自転車の乗り方、水泳の泳ぎ方、楽器の演奏法など。

こうした記憶の構造から考えると、ブランドづくりの鍵となるのはいかにお客さんの長期記憶、中でも意味記憶の中にブランドに関する記憶を入れてもらうか、他の記憶と連鎖させられるか、です。

そのために大切なのは「インパクト」と「腹落ち」と「反復」。情報がインパクトをともなって受け入れられてはじめて短期記憶にエントリーされ、「腹落ち」や「反復」することで長期記憶となる。

つまり、ブランドの「らしさ」を頭の中に残すためには、インパクトのあるブランド情報（商品・広告・イベントなど）にできれば反復して接触させ、お客さん自身にとって関係ある情報として腹落ちさせることが大切になるのです。

ブランドエクスペリエンス論：感覚や感情を刺激する「経験」こそがブランドである

いよいよブランド論の最後、「ブランドエクスペリエンス論」です。

ブランドアイデンティティ論が生まれた90年代は、まだテレビＣＭや新聞などといった、マス広告を前提とした時代でした。それに対して、２０００年頃から、感覚や感情への刺激によって生まれる「経験」がブランドへの態度に影響する、という考え方が生まれます。人々は、マスマーケティングの視覚・聴覚に偏った情報に辟易し、体験・体感して判断したいという潜在的な欲求を持つようになっていきました。いわゆる「経験価値」の概念の誕生です。

代表的なテキストは、バーンド・シュミットの『Experiential Marketing（邦題：経験価値マーケティング）』（１９９９年）。この本の中で彼は、「製品やサービスに優れた機能的特性や便益、品質が備わっていることは当然だが、顧客が求めているのは、特性や便益以上に、楽しさや快適さなど顧客の心に触れ、刺激してくれる製品やサービスであり、便益訴求を中心とした伝統的なマーケティングアプローチとは異なる新しいマーケティングコミュニケーションが必要だ」と述べています。

簡単にいえば、ブランドは機能を売るものではなく、体験を売るもの。また商品だけでなく、お客さんの経験に関わるすべての接点を設計していくことこそがブランド戦略であるというわけ。

この考え方によって、ブランド論の視界が一気に広がっていきます。

「体験を売るアプローチ」では、記憶の残し方も異なります。ここで、先ほどの長期記憶の3分類を思い出してください。通常の広告コミュニケーションは、まず認知を獲得し、理解してもらい、その後はじめて体験してもらうという順番。まず脳に情報を植えつけて「意味記憶」に残すことを目指すわけです。

一方、体験は「エピソード記憶」という別の回路で、人間の頭の中に入り込む力があります。いくら商品名を認知させたとしても関心獲得や購買につながるとは限らないので、まずは先に体験をしてもらって、その後に認知・理解してもらえばいい、という考え方ですね。ブランドエクスペリエンス論の影響で、主に次のような変化が起こりました。

【ブランドエクスペリエンス論がもたらした4つの変化】

① 体験起点の商品、サービス開発

UX（ユーザーエクスペリエンス）やCX（カスタマーエクスペリエンス）などと呼ばれるアプローチで、ある製品やサービスを利用したときに、ユーザーが何を体験するか、何を心地よく楽しめるかを重視した考え方。こういう機能を提供する商品だから、こういうデザインにしようではなく、こういう体験を提供したいから、商品、サービスはこういう機能、デザインでなければならないという順番で発想するものです。

② リアル（空間）の重視

ブランド価値を体現、可視化した店舗や期間限定のポップアップストア、体感型イベントなど、五感で感じられるリアルな体験の場をつくる動きが加速しました。またフラッグシップストアや工場をブランド体験のシンボリックな「聖地」と位置づけた展開・活動も行います。

③ インナーの重視

お客さんとのすべての接点がブランド体験である、となると、商品を生み出す開発担当はもちろん、たとえば販売を行うスタッフ自身もブランド。ですから全社的にブランドビジョンを共有化し、社員の意識や行動の目標を統一するインナーブランディングが重要となり、そうした活動が行われるようになります。

④シナリオ(体験のつながり)の重視

ブランドが全接点化すると、商品を知り、試し、購買し、使用する、すべての接点の経験を統合的につなげる取り組みがされるようになります。

実際の例で考えてみましょう。たとえば、アップルはミニマル(シンプルでそぎ落とされた)、人間的、カジュアル、直感的、フレンドリーといった「らしさ」を持っていますよね。最初に商品を体験できるアップルストアは、まさにアップルらしさを体現するかのように、細かく設計されています。街を通り過ぎる人からもよく見えるオープンなデザイン、吸い込まれるように中に入ると、温かみを感じるメープル素材の陳列台に商品が並び、自然と触れてみたくなるでしょう。展示されている商品の間隔は2人並んで立つのにぴったりで、接客してくれるスタッフはメカに詳しい友人のようにフレンドリー。レジがない、つまり買う人と売る人という区別がなく、買うというよりはアップルの仲間に加わる感覚を覚えます。

家に帰ってパッケージを開けるときも同じ。商品はもちろん、箱から説明書に至るまでミニマルなデザインで上質。説明書を読むおっくうさがなく、まずさわってみて直感的に使うことを促されます。電源を入れるとふんわりと光り出し、あたかも生物が生まれるような印象を与え、ユーザーは楽しい使用体験を期待することでしょう。すべてが五感に訴えるように徹底してこだわり、特別なユーザー体験となるようにデザインされているのです。

また、組織論的な話もしておくと、すべての接点におけるブランド体験を統合的にデザインするために、宣伝部、商品企画部、事業部のみならず、さまざまな部署にまたがる組織横断的な動きが重視されるようになっていきました。

エージェンシーサイドでは、クリエイティブと戦略プランナーだけでなく、SP、PR、イベント、ウェブ、屋外メディアを含むあらゆる部署のプランナーによる統合的なチーム編成がより加速したほか、エクスペリエンスデザインを得意とするデザイン会社、コンサル会社も登場。顧客との全接点化は、オンラインとオフラインの融合を模索しつつ現在に至っています。このあたりは、第5章のＩＭＣ論で説明しますね。

その先のブランド論「ソーシャルグッド」ブランドは、社会をどう変えるか？

ブランド論に関係して、２０１０年くらいから、また新しい流れが生まれています。それは、「ソーシャルグッド」の潮流。ソーシャルグッドとは、〝社会を良くする行い〟のことで、世の中で肯定され、応援される普遍的価値のことです。

これまで企業が行う社会貢献活動は、ＣＳＲ活動として現業とは切り離されることが多かったのですが、ソーシャルグッドは収益追求と社会貢献がリンクしているのが特徴。あくまで本業を通じて社会に貢献することを重視するようになってきたというわけですね。

ブランディングと社会の距離が近づいてきているともいえるでしょう。今やブランドが世の中に存在する意義を証明しなければお客さんからの共感と尊敬は得られません。どういう種類の「良きこと」を提供できるのか、それが世界をどう良くしていくのかを明確にする必要があるのです。

フィリップ・コトラーも社会性の文脈で「マーケティング3・0」を提唱しています。マーケティング3・0は、世界をよりよい場所にすることを目的とした「価値主導のマーケティング」。ちなみに、それ以前の「マーケティング1・0」は、大量生産大量販売で市場拡大とシェアの獲得を図る「製品中心のマーケティング」で、「マーケティング2・0」は、消費者一人ひとりの嗜好の違いを理解し、市場をセグメント化し、特定のターゲットに向けて他社より優れた製品を提供する「消費者志向のマーケティング」。

それらとは異なる、次のステージに入ったというのです。消費者は自発的に世界をより良い場所にしよう、問題を解決しようという志向になっているのですから、その価値観に合ったブランドが選択されるとしています。

では、ソーシャルグッドの事例として、P&Gの生理用品ブランドAlwaysが2014

P&G Always「Like A Girl」

年に開始した「Like A Girl」キャンペーンを見てみましょう。

ムービーではまず、大人の女性に「〝女の子〟みたいに走ってみてください」「ケンカをしてみてください」「ボールを投げてください」と語りかけます。弱々しいぶりっ子的な動きで女の子らしさを表現する大人の女性たち。

今度は10歳の女の子に質問をします。「〝女の子〟みたいな走り方ってどういう意味だと思う？」。「できるだけ速く走ることだと思う」と言って、全速力で走って女の子らしさを表現する10歳の女の子。

女の子から女性へと変化し、自意識がめばえる思春期。「女の子らしさ」への古い先入観に縛られた“Like A Girl”という言い回しによって、自分らしさを出せないばかりか自信喪失につながることすらもある。そこで、Alwaysは"Like A Girl"という表現は、本来ぶりっ子や弱いものではないことを示し、意味の再定義に挑戦したのです。

思春期の女の子たちが自信を持ってありのままの自分でいることを後押しするこのキャンペーンは、ブランディングにソーシャルグッドが練り込まれた優れたコミュニケーションだと感じます。

なぜブランドはソーシャルグッドに向かうのでしょうか？　それはひとえに、消費者のマインドが「エシカル消費」、つまり環境問題や社会問題の解決に貢献できるものを買いたいという方向に向かっているから。ソーシャルグッドはブランドへの好意を高め、手を伸ばしやすくする側面も多分に含んでいます。

商品そのもので差別化することが困難で、商品機能に立脚する情緒価値でも違いがつくれないなかでは、ブランドの存在理由や目的（最近では「ブランドパーパス」といいます）こそが違いを生み出す、そんな状況ともいえるでしょう。

プランニングに必要な4つのポイント

さまざまな変遷をたどってきたブランド論。最後に、プランニングをする場合、何が大切で、何を考えなければいけないか、4つのポイントをまとめましょう。

①固定的な「ブランド」から、動的な「ブランディング」へ

ブランドアイデンティティ論は、ブランドを現在という断面で切って、価値を規定し、「らしさ」を守っていくというアプローチでした。しかし、競合がさまざまな手を打ってくる中で、その場に立ち止まっていると、ブランドが相対的に古びて見えてきます。また良好な「らしさ」の記憶をつくれていたとしても、やがて記憶は劣化していくし、同じような発信ばかりしていたら飽きられてしまう。つまりどのブランドも、鮮度の低下という大きな課題を抱えています。

規定された「価値」を守り続けるだけではダメで、解釈を深め、絶えずアップデートすること、埃を落として現代的に進化させること。求められるのは、そんな動的なブランド

運用です。鮮度が落ちてきたときに、どうやって新鮮に見せるのか、どうやって成長させるのか、変えていいものは何で、変えてはいけないものは何か……。

すごく悩ましいのですが、その作業をしているときが一番、ブランドへの理解が深まるときでもあります。実際の運用では、ブランド価値規定を数年に一度くらい見直すというようなやり方もあるでしょう。

僕の経験上、多少の進化や変化をしたところでお客さんには伝わらないので、「ちょっとやりすぎかも」というくらいがちょうどいいと感じています。ブランドの本質さえはずしていなければ、大胆なほうが支持されやすいですから。

② ブランドの中心は、ミッションとビジョンへ

最近では、ブランドの中心概念として、ブランドエッセンス（ブランドの本質的な価値）やコアバリューよりも、ブランドミッションやビジョンを据えるほうが一般的。ブランドミッションを持つことで、社会における役割をはっきりさせられるし、ブランドビジョンを持つことで、どこへ向かっていくべきかが明確になります。それが、ブランディングという動的な活動の指針になるわけです。

③「体験」と「接点」の視点から見直す

どんなブランドにしたいか、その未来像を描き、チームで共有できたら、次は体験と接点の視点からブランドを見直しましょう。どんな体験によってブランド像が実現するか、それぞれの顧客接点で、ブランドを体現していく仕組みを設計することが大切です。

④ブランドパーソナリティをしっかり固める

ブランドエクイティ論の時代まで、ブランドパーソナリティは重要視されていませんでした。言語でつかみづらく、資産になりづらいと考えられていたからかもしれません。しかし、「体験」と「接点」が大切になってくると、ブランドの「人格」が重要になってきます。

たとえば、人づきあいでも、好意を持つポイントは、その人が「優秀かどうか」より「感じがいいかどうか」だったりしますよね。ブランドパーソナリティは、お客さんとのインターフェイス。とくにSNS上でブランドや企業が「人」らしくふるまう時代には、その人格はとても重要。ソーシャルメディアをどうやって運営していくかの指針にもなっていきます。

まとめ

・ブランドとは、「らしさ」の記憶が人を動かすと考える戦略論。その記憶を、どのようにお客さんの頭の中に連想構造として残すかがポイント。
・ブランドはロジックとマジック、つまり論理と感情・感覚の両面からつくり出される。
・「ミッション」や「ビジョン」に向けた動的な活動としてブランディングを行うべき。
・ブランドづくりにおいて、「体験」「接点」「パーソナリティ」の重要性が高まっている。

強み

・お客さんの商品・サービスに対する「価値」「好意」「絆」を醸成できる。
・プレミアムな価格維持に貢献できる。
・長期的な反復購買を促すことができる。

弱み

・記憶や感情に関わるもので、効果を可視化、数値化しづらい。
・長期記憶に残すことを主眼に置いているので、必ずしも即効性が高くない。
・直接的な購買喚起につながるとは限らない。

＊1　「第8回シンポジウム大阪公会計改革会議2004」でのオグルヴィ・アンド・メイザー・ジャパン 代表取締役社長（当時）マーク・ブレア氏講演録より
＊2　西尾忠久『効果的なコピー作法』（誠文堂新光社、1983年）
＊3　1956年にはロス・カニンガムが提唱

アカウント
プランニング論

「深層心理」が、人を動かす。

第3章　アカウントプランニング論

この章のテーマ、アカウントプランニングは、他の戦略論とは少し位置づけが違います。というのも、戦略論でもありながら、エージェンシーのビジネスプロセス自体を変えた考え方でもあるから。

少しつかみづらい概念ですが、アカウントプランニングという言葉をはじめて聞く方は、まずは「消費者の声に耳を傾けるプランニング手法」と捉えて読み進めてください。

戦略論として見れば、アカウントプランニングはインサイト、つまり「深層心理」が人を動かすというアプローチ。世界のメガエージェンシーでは、基本的プロセスとして取り入れられているプランニングプロセスです。

実は、この本のもとになった雑誌『宣伝会議』の「手書きの戦略論。」連載中に、もっとも反響が大きかったのが、これから紹介するインサイトやクリエイティブブリーフといった手法でした。きっと、コミュニケーションプランニングを行うにあたって具体的に役立つ内容だからなのでしょう。

そこでこの章では、アカウントプランニングの歴史をひと通り眺めたあとに、インサイトとクリエイティブブリーフについて紙幅を割いて説明していきたいと思います。

さて、米国広告業協会（ＡＡＡＡ）の定義によれば、アカウントプランニングとは「消費者心理や行動を理解し、広告開発のすべてのステップに反映させること」。また、アカウントプランナーの業界団体ＡＰＧが定義するアカウントプランナーの役割は「ブランドと消費者を結びつけるために、広告活動に消費者の視点を入れること」となっています。

サラッと読み流してしまうと、そんなの当たり前じゃないか、と思ってしまいますよね。しかし、アカウントプランニングは、広告の戦略プランニングを大きく変えた３つの特徴を持っているのです。

【アカウントプランニングによる３つの革新】

①戦略論の革新＝消費者の深層心理の発見を重視

消費意欲も関心も低下し、しかも広告が言っていることを素直に信じてもらえない時代に、どうすれば購買意欲を喚起できるか。そんな課題に対し、「インサイト＝深層心理」を発見することによって突破しようという考え方を提示した。

②プロセスの革新＝消費者の声を広告開発に生かす
リサーチ部門とクリエイティブ部門が乖離していたエージェンシーにおいて、消費者の声をきちんとクリエイティブ開発に反映するプロセスをつくった。

③ビジネスの革新＝エージェンシーの価値向上
消費者の声なき声から深層心理を探り当てるリサーチ手法、それをクリエイティブ開発に生かすプロセス、それができるアカウントプランナーの存在を、エージェンシーのバリューアップに活用した。

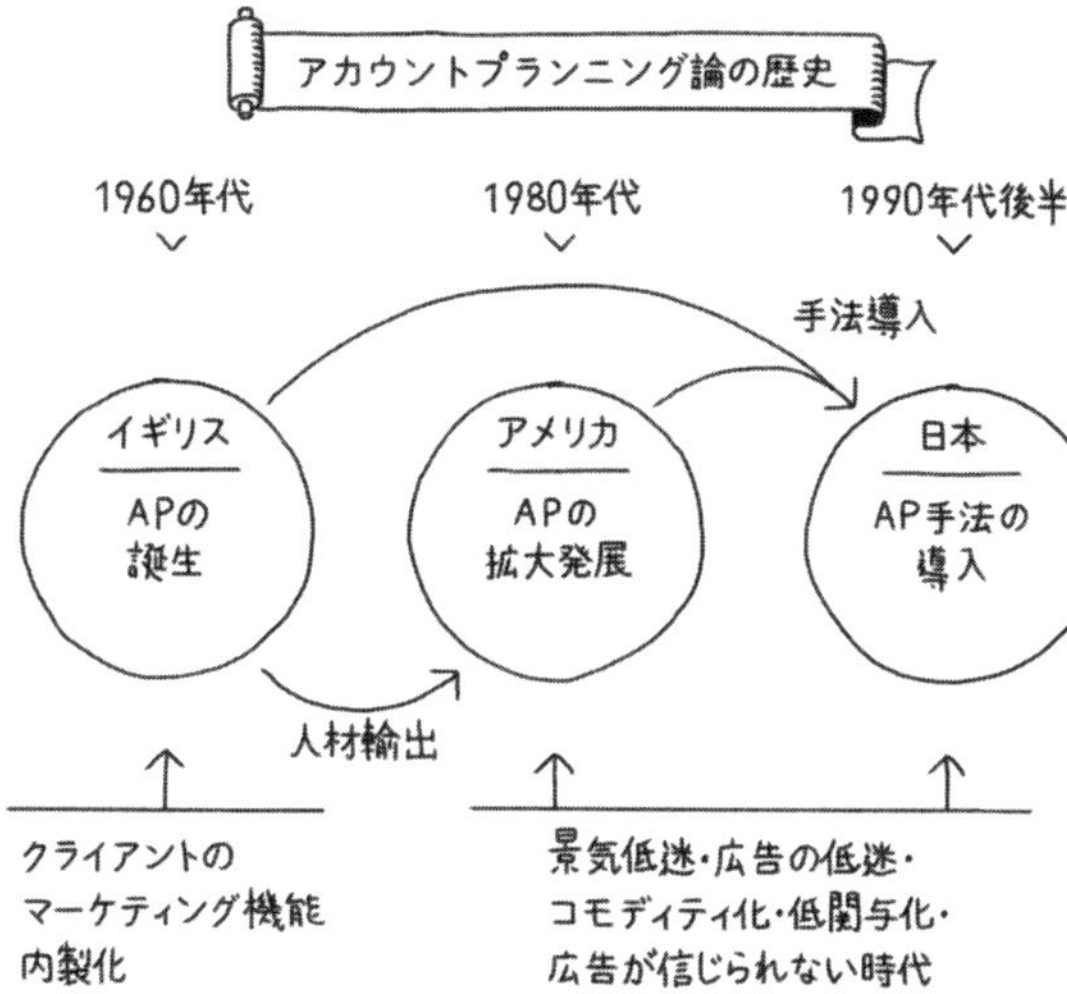

これら3つを実現するためにアカウントプランニングが誕生し、発展していったことを頭に置いて、まずはその歴史を見ていきましょう。

歴史

アカウントプランニングは、なぜイギリスで生まれたか

アカウントプランニングの誕生は、1960年代のイギリスにさかのぼります。「え、なんでイギリスなの?」と思う方もいるでしょう。それは当時、イギリスの広告業界が、ある〝悩み〟を抱えていたからにほかなりません。

世界のメガエージェンシーは事実上、米英系の企

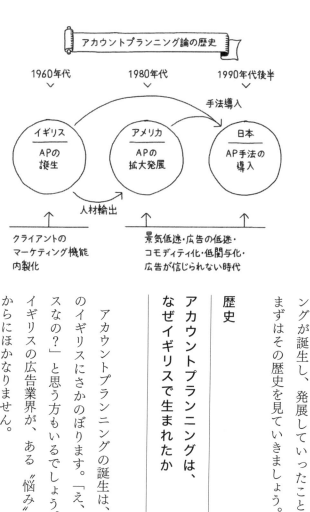

業が中心ですが、実はアメリカとイギリスでは広告ビジネスの考え方に違いがありました。

アメリカでは前章でもご紹介したとおり、1950年代にクリエイティブ革命が起こり、有名クリエイティブディレクターが登場したことで、その神格化が進みました。彼らの存在によって、クライアント企業からの関心を集め、プレゼンに説得力を持たせ、サービスの価値（＝価格）を高め、広告産業自体を盛り上げるというのが、当時のやり方だったわけです。

対してイギリスでは、いかに広告が経営に近づいていくかが重視され、求められるのはどのくらい売上に貢献したか、ということ。またメディアの枠買いビジネスでなく、プランニングプロセスそのものも価値にするという志向がありました。

そんな中、1960年代にイギリスの広告産業は変革の波に見舞われます。それまでクライアントはマーケティングに関するリサーチやプランニングをエージェンシーのリサーチャーに外注していたのですが、それを内製化する動きが起こったのです。

となるとエージェンシーのリサーチャーは失業し、エージェンシーそのものの価値も低下してしまう……。つまり、エージェンシーはマーケティング全般での業務受注ができなくなったぶん、よりコミュニケーションに特化して専門性を高めなければやっていけない状況に追い込まれた、というわけ。そこで生まれたのが、アカウントプランニングです。

それまでエージェンシーのリサーチャーは、クリエイティブテスト（絵コンテ段階の広告などを事前に消費者に見せて評価する調査）の結果を手に、「クリエイティブに否定的なことを言う人」でした。一方、営業は「エージェンシーのビジネスのことばかりを考えている人」。そう、両者ともクリエイティブ開発には参加していなかったのです。

アカウントプランナーは、この2つの職種を合体させ、表現開発に貢献し、クリエイティブの打率を上げる役割。クライアントに向き合い、クライアントのビジネスを成功に導く役割として〝発明〟されました。

起源は諸説あるそうですが、1968年にイギリスの広告会社BMP（ボーズ・マッシミ・ポリット）のスタンリー・ポリットがその手法を試し始め、同年にJWTの〝アカウントプランニングの父〟ことスティーブン・キングがはじめて「アカウントプランニング」と呼ばれる部署をつくった、というのが有力。正式には、彼のチームのメンバー、トニー・ステッドが発案したともいわれています。

ちなみに名称について、スティーブン・キングは、他にもいくつかの候補を持っていたそう。最初は「ブランドプランナー」としていたものの、それでは小さなパッケージ商品ばかり扱っているように感じるということで却下になったとか。このあたり、日本人の感覚とはちょっと違いますね。

さらに「ターゲットプランナー」がいいのでは？　いや、それでは領域が狭すぎる。「キャンペーンプランナー」か？　それではクリエイティブと領域がぶつかってしまうな……といった議論を経て、クライアントのビジネスに貢献をする人（＝アカウント）ということで、アカウントプランナーに落ち着いたのです。

プランナーの「輸出」、そして「アカウントプランナーバブル」も

時を経て１９８０年代のアメリカ。その直前の１９７０年代、アメリカの広告業界は、やや停滞期を迎えていました。エージェンシーは定量データ重視で官僚的になり、広告もつまらない、そんなマディソン・アベニューの伝統的エージェンシーを尻目に急速に勢力

を伸ばしてきたのが、ニューヨークから遠く離れた場所にある新興エージェンシーです。

たとえば、ファロン（ミネアポリス）、ワイデン＋ケネディ（ポートランド）、シャイアット・デイ（ロサンゼルス）などなど。

当時、イギリスの広告のほうが、アメリカに比べて消費者心理をよく反映していて効果が高いと気づいたのが、シャイアット・デイの創業者J・シャイアット。その秘密がイギリスで用いられているアカウントプランニングというプロセスにあると知り、1982年、イギリスからひとりの女性アカウントプランナーを連れてきました。それが、アメリカ初のアカウントプランナー、ジェーン・ニューマンです。

のちに、多くのイギリス人アカウントプランナーが「輸入」され、彼らの弟子たちが増えていったことで、アカウントプランニングはアメリカに浸透していきました。

余談ですが、日本でのアカウントプランニング普及のきっかけとなる『アカウント・プランニングが広告を変える』（2000年）を著したジョン・スティールは、1989年にイギリスのBMPから、サンフランシスコのGS&P（グッビー・シルバースタイン&パートナーズ）に移籍しています。

こうしてアメリカに上陸したアカウントプランニングですが、すぐにすべてのエージェンシーに受け入れられたかというと、そんなことはなかったようです。リサーチ、クリエイティブ、営業部門など組織がしっかりできあがっていた伝統的エージェンシーでは、ほかの部署とオーバーラップする危惧もあり消極的だった一方、中小、新興のブティック系エージェンシーでは導入が進みました。

そういったブティック系エージェンシーの活躍もあって普及が進み、90年代後半から2000年代前半にはアカウントプランナーの地位や価値も向上しましたが、反動で行きすぎも。いわゆる「アカウントプランナーバブル」が起こったのです。

アカウントプランナーは、消費者心理を洞察する高いスキルをベースにクリエイティブ開発プロセスに参加し、かつクライアントと向き合ってビジネスの成功に貢献するという難易度の高い役職。にもかかわらず、名刺にアカウントプランナーと書いてあれば高いフィーがとれるということで、入社間もない若手営業をアカウントプランナーと名乗らせたり、べらぼうな年収をエサにヘッドハンティングが行われたり……。

その後ブームは沈静化し、今では世界中のメガエージェンシーならどこでも行われているビジネスプロセスに。そして、デジタル領域の拡大によってマス広告の影響力が低下していくなか、アカウントプランナーの担う役割は変わってきています。

プランニングのプロセスは「ワンテーブル」へ

2000年代に入ると、アカウントプランニングが時代にそぐわない、というケースも出てきました。その理由は3つ。

1つ目は、心理学でいう「刺激－反応（S－R）モデルの限界」です。刺激－反応モデルとは、消費者は商品や広告などから外的な刺激を受け、それに反応して購買行動をとるという考え方。

アカウントプランニングの基本的な手法に、クリエイティブブリーフ（P132参照）がありますが、これは「（既存4媒体の）広告で情報やイメージという刺激を与えて、理想のパーセプション（お客さんの商品認識・イメージ）へ変化を起こさせる」ことを目指すもの。ところが、広告の目的が多様化し、必ずしも広告という刺激によって反応を起こすという一方通行のやり方が通用しなくなるにしたがって、その役割は徐々に限定的になっていきました。

2つ目は、「プロポジションの限界」です。1つ目とも関連しますが、アカウントプランニングは、ブランドからのプロポジション＝メッセージを届けるという考え方がベース。しかし、デジタル技術の発展によって、参加させる、クチコミを起こす、絆を強める、共鳴させる、体感させるなど、さまざまなコミュニケーションの手法が生まれ、プロポジション（メッセージ）を「伝える」という捉え方そのものが、現実にはまらなくなってきたのです。

3つ目は「単一媒体ブリーフの限界」です。コミュニケーションが多様になり、また課題がますます複雑化する中で、もはやどの媒体で何をするか、どう組み合わせるか、全体をくるコンセプトは何かといった、クリエイティブブリーフ作成のもっと手前の部分がより重要になってきました。これがテレビCMのブリーフです、グラフィックのブリーフですというより、コミュニケーション全体のインサイトやアイデア、そして伝え方のシナリオがより大切になってきたのです。

今、プランニングのプロセスは「ワンテーブル」へと変化してきています。

もちろん、現在でもメガエージェンシーを中心にクリエイティブブリーフは使われていますが、必ずしもアカウントプランナーが作成しクリエイターにブリーフィングするというカチッとした流れではありません。エグゼキューション（実施案）での着地も見据えながら、アイデアフルな戦略立案ができるように、プランニングの初期段階から、関係するスタッフがワンテーブルで議論する中でつくられる方向になっています。

アカウントプランニングは今や、「アカウント」が外れた一般名詞の「プランニング」と呼ばれるようになり、ごく当たり前のプロセスとして進化を続けています。

90年代後半に日本に上陸、各社のスタンスはそれぞれ

アメリカでアカウントプランニングバブルが起こる少し前、1990年代後半には、日本のいわゆる大手総合広告会社でもアカウントプランニングを研究・導入するように。名

社、イギリスから講師を招くなどして、方法論の習得に努めました（外資系エージェンシーは、当然メガエージェンシーの一部なので、それ以前に一般化しています）。

ちなみに1997年に博報堂に入社、マーケティング局に配属された僕は、先輩に声をかけられ、アカウントプランニングの研究・導入のためのプロジェクトに参加、結果として日本での黎明期からの普及、浸透を進める立場になりました。

組織的な話をすると、電通は営業本部をアカウント・プランニング本部と呼んでいた時期もありました。博報堂はインサイト発見のような役割はストラテジックプランニング局が担いつつ、営業フロントラインに近いストラテジックプランナーの一部をアカウントプランナーの役割で活用。アサツー　ディ・ケイはマーケティング担当の部署をアカウントプランニング局と呼んでいたことがあります。また、ネット系のエージェンシーには、営業をアカウントプランナーとしている会社が多いですね。

もともと営業とリサーチャー（マーケティングプランナー）を統合して生まれた職種のため、営業寄りの役割として取り入れるケース、戦略スタッフ寄りの役割として取り入れるケースなど、各社のスタンスはそれぞれというのが現状でしょう。

アカウントプランニングの方法論
コンシューマーインサイトとは「心を動かすツボ」

ここからは、インサイトやクリエイティブブリーフなど、アカウントプランニングの具体的な手法をじっくり説明していくことにしましょう。まずはコンシューマーインサイトから。「コンシューマーインサイトとは何か？」と問われたら、おそらく100人いれば100通りの定義があるというくらい、さまざまな解釈ができるでしょう。

ブランドと消費者のつながりに関する新しい発見
人の気持ちを動かす普遍的な欲求
消費者が自分でも気づいていない本音
それを言われると弱いなというポイント
カテゴリーへの消費者の隠れたニーズ
グッとこさせるツボ

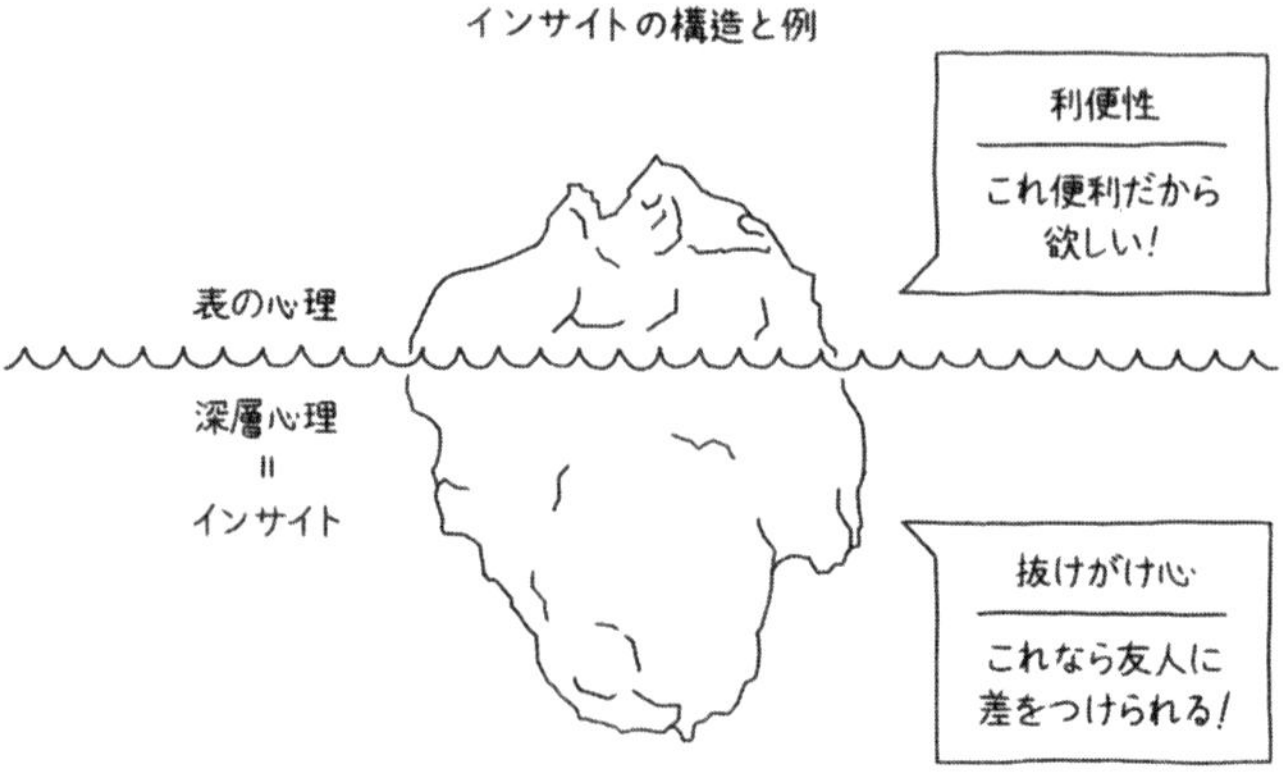

中でも一番オーソドックスな定義は、「心を動かすツボ」という表現ではないでしょうか。消費者がブランドをどう認識しているのか、通常の調査などですぐにわかるようなブランド認識はパーセプション、ふだんは表れないような深層心理や無意識がインサイトです。

では、なぜインサイトが重要なのか。前提には、消費意欲の減退、類似商品の氾濫といった悩みに加えて、なにより消費者の広告への関心そのものがどんどん低下し、広告に対して懐疑的になっていて、言っていることを素直に信じてもらえない、という課題認識がありました。そこで、購買を喚起する潜在的な動機づけに関心が向いたというわけ。

ちなみに、インサイトは広告表現開発のために考え出された概念ですが、商品開発段階でも用いられるもの。インサイト発想を練り込まないと売れる商品がつくれないと考えるのは、とくにマネジメントレベルの人に多いように感じます。

顧客とブランドの間にある深層心理、インサイトとはどのようなものか、なかなか説明しづらいので事例を見ていきましょう。

イギリスの高級デパート「Harvey Nichols」が、クリスマスシーズンに向けて打ち出した「Sorry, I Spent it on Myself（ごめんね、自分のためにお金使っちゃった）」というキャンペーンです。

家族や親戚が集まって、プレゼントを交換し、にぎやかに過ごすクリスマス。この時期、普通はプレゼントを買いにデパートに行くものだけど、行くと自分が欲しいものを見つけてしまい、「せっかくお金を使うなら、他人へのプレゼントではなく自分のために使いたい」という気持ちになってしまう。そんな、誰もが一度は感じたことのある気持ちをウィットに富んだ表現で描いています。

このキャンペーンのインサイトは「Harvey Nichols に他人へのクリスマスプレゼントを

Harvey Nichols「Sorry, I Spent it on Myself」

買いに行くと、ついつい自分へのプレゼントが欲しくなっちゃうよね」というもの。具体的には、Harvey Nicholsが店舗とオンラインストアで数十円〜数百円のリーズナブルなギフトコレクションを発売。きれいなパッケージに包まれた中身は〝つま楊枝〟や〝輪ゴム〟など。予算のほとんどは自分の買い物に使って、他人へのギフトには代わりにこれを渡したらどうですか、というシャレです。クリスマスプレゼントを買いに行ったときのインサイトが見事に表現されていますよね。

どうです？ 少しはインサイトのイメージがわいてきましたか？

インサイトとは、本音をあぶりだすリサーチ手法

アカウントプランニングが生まれた1960年代は、大衆消費社会が到来しつつあった時代。「人はなぜモノを買うのか？」「どうすれば購買意欲を刺激できるのか？」、消費者の購買動機を探ろうとする研究が進みました。

当時、広告会社のリサーチャーは心理学を専攻した人たちが憧れる花形職業のひとつ。彼らが、人の行動には無意識的な要素が作用しているというフロイト流の精神分析学をベースに、潜在意識や無意識に潜む非合理的だったり感情的だったりする動機の解明に取り組んだのです。

マーケティング調査で一般的に行われるグループインタビューは、調査会場という堅苦しい雰囲気の空間で行われることも多く、何か正しい答えを言わなければいけないという気になったり、他の人の意見に左右されてしまったり。そもそも、潜在意識や無意識を探るのに、消費者の言葉で語ってもらうことには限界があるでしょう。

そこでインサイトをあぶり出すための、さまざまなリサーチ手法が生まれました。僕が把握しているだけでも数十、おそらく世界を見渡せば無数にあるはず。すべては紹介できませんが、以下の5つの方向に分類できると思います。

【インサイトをあぶり出すリサーチ 5分類】

①投影法を活用する手法

ブランドを人や動物にたとえる手法や、会話の吹き出しを書く「ダイヤローグバルーン」など。

②非言語ツールを活用する手法

ビジュアルコラージュやカラーイメージを作成、選択させるなど。

③日常を詳細に記録する手法

日記調査や、その場の気持ちを録音する音声ダイアリーなど。

④現場でリアルな声を聞く手法

クルマに同乗して行うインタビュー、家庭訪問、ホームパーティ、お泊りデプス（ホテルなどに宿泊して、スキンケアをはじめ家庭で使う商品をリアルに使ってもらいながらカジュアルな雰囲気で行うインタビュー）など。

⑤強制的な状況をつくり、無意識をあぶりだす手法
お金を渡して実際に商品を購入してもらうバーチャルショッピングや、ブランドの死に際し追悼文を書く「オビチュアリー」手法、商品を一定期間使わせないことで価値をあぶり出す「ハングリーテスト」など。

ほかにも、対象者に無理に言語化を促すのでなく、徹底的な行動観察からインサイトをあぶり出す「エスノグラフィー」も注目されています。これはもともと、文化人類学や社会学、心理学で使われる手法。対象となる民族の日常的な行動様式を詳細に記述する研究方法をマーケティング調査に応用したものです。

さらに最近では、ビッグデータを用いて、消費者自身も自覚していない意識を読み取って、インサイトを発見し、仮説・検証を行う必要性が叫ばれています。マーケティングに用いられるビッグデータは、実際の消費者の購買はもちろん、ウェブ上での動きをリアルに把握できる「アクチュアルデータ」（実行動データ）であり、「全数データ」（対象となる集団全部のデータ）。今後は即時に状況を把握し手を打てる「リアルタイムデータ」になっ

ていくといわれています。

たとえば、ある商品について、テレビＣＭを放送した日に何人がどんな検索行動をし、コンビニで何個売れたか。売れたのはどの時間帯で、どの年齢層で、そのうち何人がクチコミをネットに書き込んだか、ほぼリアルタイムでわかってしまう。

とはいっても、それらのデータを眺めているだけでは消費者の像、気分、動機、感情まではなかなか見えてきません。「行動データ」の先にある「消費者の内面」に分け入らなければ、効くコミュニケーションはつくれないのです。

オンライン、オフラインでの行動データにリアルな心理洞察を可能にする意識調査や定性的な調査を掛け合わせ、インサイトを発見し、打ち手に反映していくことが、今後ますます必要になるでしょう。

インサイトの見つけ方は「違和感」が出発点

よく「インサイトを見つける秘訣は何ですか?」と聞かれます。

僕自身の経験からいうなら、データや事象を見たときの「違和感」が出発点。競合と比べて、去年と比べて、他のターゲットグループと比べて、常識と比べて、人の習性と比べて……何か特異な要素を含んでいないか。

そうした違和感に敏感になることが、インサイト発見のきっかけ。なので、データを見る際には、どこか事前の想定が裏切られることを期待してしまったり(笑)。

インサイトをプランニングで活用する際には、いくつか落とし穴もあります。

まず、ブランド間に違いが少ない中では、固有のインサイトを発見することはかなり難しいということ。そういう場合は、カテゴリーに共通するインサイトを見つけ、それを他社よりも先に訴求するほうがうまくいくことが多いでしょう。たとえば、スポーツブランドなら「ライバル心」とか、「自分に打ち勝つ気持ち」とか、そういったスポーツに共通するインサイトをストレートに捉えたほうが心を動かしますよね。

また、インサイトは〝発見〟しなければいけないといわれていますが、これまで誰も見つけなかったもの、広告で訴求してこなかったものは、ニッチである可能性が高いともいえます。つまり、そこを突いたところで動く人の数はたかが知れている、というわけ。たくさんの人を動かしたいなら当然、大きなインサイトを見つけるべきで、ブランド固有のものよりも、人間の普遍的な心理を探ったほうがいいかもしれません。

人間が持つ隠れた心理には、いろいろな種類があります。使命感や連帯感といった高尚なものもあれば、誇り、勝利、虚栄心、共犯意識、羨望、対抗心、横並び意識といったものもあるし、モテたい、ラクしたい、ほめられたい……などなど。あるいはコンプレックス、寂寥感、罪悪感、欠落感といったネガティブなものが、実は消費の原動力だったりすることも多いでしょう。

とはいえ、コミュニケーション開発におけるインサイトはあくまで、アウトプット志向でなければなりません。最終的には、ブランドにポジティブな機会をつくるように活用することが大切です。

たとえば、ある女性用かつらブランドがあったとして、「薄毛になると老けていると見られる恐怖を感じる」といったネガティブ寄りのインサイトが見つかったとします。それに対して「このブランドは老けていると見られる恐怖を解消できます」とストレートに訴求されたら、消費者は欲しくなるでしょうか？　たぶんなりませんよね。そんなことは言われたくないわけですから。

でも、もし「おでかけしたくなる女性用かつらです」といったプロポジションにしたら、ちょっと欲しくなりませんか？　このように、ネガティブなインサイトであってもブランドを選ぶ前向きな気持ちにつなげていくのが大切です。

プランニングをしていて「これがインサイトではないか」というものを見つけたら、以下の４つの項目でチェックするといいでしょう。

【インサイトを見つけるための４つのチェックリスト】

① ブランドを選ぶ気持ちにつながるか

そのインサイトをポジティブに活用でき、ブランドのビジネスの機会が広がるか。

②ハッとする発見か
クリエイターをインスパイアできるか、お客さんに気づきを与えられるか。

③ブランドと合っているか
独自のインサイトではなく、ブランドのカテゴリーに共通した深層心理や人間の普遍的な欲求でも、もちろんＯＫ。ただし、そのブランドが語るにふさわしいインサイトでなければならない。

④ターゲットが主語になっているか
ブランドの情緒価値やブランドビジョンは、インサイトと混同しがち。情緒価値やビジョンは、作り手が意志をもって打ち出すものなのでブランドが主語になる。一方、インサイトは消費者の心の中にあるものなので消費者が主語で描かれる。

クリエイティブブリーフの基本　8つの要素

アカウントプランニングでは、プランニングは最終的に1枚のペーパーに集約され、クリエイターに伝えられます。そう「クリエイティブブリーフ」です。

クリエイティブブリーフはいわば、広告の設計図。どんなコミュニケーションをつくるのか、その骨組みを示すもので、フォーマットはエージェンシーごとに微妙に異なります。また、高級自動車なのかスナック菓子なのか、商品カテゴリーによっても適したフォーマットは異なるため、ブランドサイドが独自のものを持っている場合もあるでしょう。

クリエイティブブリーフは、テレビCMや新聞広告といった出稿媒体を指定した形で書かれ、基本的には以下の8つの要素を含んでいます。

①　広告の目的（何を達成するのか）

その広告を、どんな目的でつくるのかを書きます。重要なのは、目的が広告によって達成できるものであること。「シェア25％の奪取」「売上1200億の達成」といったビジネ

クリエイティブブリーフの基本的要素

広告の目的(何を達成するのか)

コンシューマーインサイト(心を動かすツボは)

ターゲット(誰に語りかけるのか)

プロポジション(何をメッセージするのか)

現状(どう思われているか)

↓

将来像(どう変えたいか)

信じられる理由(根拠は)

トーン(どんな語り口、雰囲気で伝えるか)

ス上の目標を書いてはいけません。背伸びをした設定をすると、むしろ目的があいまいになります。「現在10％のトライアル率を17％に引き上げる」「競合ブランドよりも〇〇の点で優れていると認識させる」「既存ユーザーとの絆を強め、離脱率を低下させる」など、そのコミュニケーションによって達成したいことを明確化しましょう。

広告目的をシャープにすれば、表現すべきことが見えやすいし、どんなアイデアでいくのか選択する際にも役立つはずです。

②ターゲット（誰に語りかけるのか）

その広告が話しかける相手は誰かを明確にします。実際のマーケティングターゲットではなく、このコミュニケーションによって認識の変化を起こしたい「理想顧客像」を書くべき。ブリーフを受け取った人が、その人物像をいきいきと思い浮かべられるように、属性、行動、意識などを書きます。

ターゲティングのよし悪しは、広さ／狭さではなく、輪郭がはっきりしているかどうかにかかっています。ターゲットの設定があいまいでは発想のジャンプ台にならないし、そこから導き出される表現も必然的にゆるくなってしまうでしょう。

③ 現状（どう思われているか）

ターゲットが、そのブランドをどのように認識しているか。定量・定性調査などで判明した、現状のブランドパーセプションを書きます。

④ 将来像（どう変えたいか）

現状のパーセプションをどのように変えたいのか、そのブランドのゴールともいうべき姿を書く欄です。

⑤ コンシューマーインサイト（心を動かすツボは）

現状のパーセプションを、将来像＝ゴールとなるブランド像に変えるためには、どんな深層心理をつけば心が動くか、欲しくなるか、そのツボを発見しなければなりません。生活者を主語として書くのがいいでしょう。

ただしインサイトを広告に直接的に生かそうと固執しすぎると、表現の幅がすごく狭くなります。その結果、インサイトを説明しただけの〝あるある広告〟になることが多いでしょう。インサイトがたとえ直接表現に生かされなくても、トーンづくりに間接的に生かされるというように、活用の仕方はさまざま。こだわりすぎて表現の幅を狭めないことです。

⑥プロポジション（何をメッセージするのか）

ターゲットに対して、何を伝えるのか。ブランドからのPropose（提案）ですから、基本はブランドを主語として書かれるものです。

ともすると広告は感覚だけでつくられているのでは、と思われがちですが、実は驚くほど構造的で精緻に計算されているもの。クリエイティブブリーフが、広告の「設計図」である以上、その中心的な骨組みとなるプロポジションは、「何を提案しているか、メッセージしているか」が具体的なものが望ましいでしょう。

⑦信じられる理由（根拠は）

そのプロポジションが納得できる理由を書きます。主に商品の属性や性能が書かれることが多いですが、企業イメージや生産国／エリアのイメージなど、あるいは「一番売れているから」「○○のお店で取り扱っているから」といった商品外の特性でもかまいません。英語ではRTB（Reason to Believe）といいます。

⑧ トーン（どんな語り口、雰囲気で伝えるか）

広告をつくるときには、何を伝えるのかも大切ですが、どういう語り口、雰囲気で伝えるのかもまた大切。説得調なのか、エンターテインメントとして見せるのか、社会的なテーマとして共感させるのか、などなど。メッセージをより強く伝えるために、どの語り口がよいかを書く欄で、英語では Tone of Voice といいます。

また、この欄には、親近感がある、自然体、生真面目など、ブランドパーソナリティを書くことも。ただし、トーンは広告の表現アイデアそのものであることも多いので、あえてブリーフで規定せずに、クリエイターに任せる場合もあります。

せっかくですから、実際のクリエイティブブリーフとはどのようなものか見てみましょう。このようなクリエイティブブリーフだから、このようなクリエイティブが生まれた、というふうにセットで見られると一番わかりやすいのですが、クリエイティブブリーフはまさに戦略の核心、表に出ることはまずありません。

そこで、「デコンストラクション」という手法を使うことにしましょう。デコンストラクションは直訳すると「脱構築」という意味で、すでに存在する広告表現などから、もとになったクリエイティブブリーフを類推してつくるもの。競合ブランドの研究や、クリエイティブブリーフ作成のトレーニングに用いられます。

先ほど、インサイトのところで紹介したHarvey Nichols「Sorry, I Spent it on Myself」を例に、僕がデコンストラクションしたのが次ページのブリーフです。

あくまでできあがった広告から逆算してつくったものなので、もちろん実際とは違いますし、ブリーフそのものが存在しなかったという可能性だってあるでしょう。ただ、ここで大事なのは、これが正解かどうかではなく、クリエイティブブリーフを類推する作業を通してブランドの戦略意図を読み取っていくことです。

ブリーフは契約書か、ジャンプ台か

最後にブリーフに関して、議論になっていることをいくつか。

クリエイティブブリーフはプランナーとクリエイターの間の契約書なのか、それともク

Harvey Nichols "SORRY, I SPENT ON MYSELF"
のクリエイティブブリーフ仮説
（デコンストラクションを用いた筆者の仮説）

広告の目的（何を達成するのか）

・クリスマス商戦期の話題づくり
・高額品の自購入促進

コンシューマーインサイト（心を動かすツボは）

Harvey Nicholsに他人へのクリスマスプレゼントを買いに行くと、ついつい自分へのプレゼントが欲しくなっちゃうよね

ターゲット（誰に語りかけるのか）

クリスマスプレゼントを買いに高級デパートに行く人

プロポジション（何をメッセージするのか）

クリスマスには、Harvey Nicholsで自分にいいモノをプレゼントしちゃおう

現状（どう思われているか）

クリスマス期に高級デパートに行くのは、他人へのプレゼントを買うため

↓

将来像（どう変えたいか）

クリスマス期にHarvey Nicholsに行って、自分へのプレゼントを買ってもいい

信じられる理由（根拠は）

・ギフト用に、安価だが綺麗に包装されたモノを代わりに用意してくれているから
・Harvey Nicholsは、自分が欲しくなる素敵なモノを売っているから

トーン（どんな語り口、雰囲気で伝えるか）

・ウィットの効いた
・楽しい
・品のある

リエイティブを触発するジャンプ台なのか、という議論があります。アカウントプランナーの公式見解は後者。飛距離のあるクリエイティブをつくろうとしているのに、足元がぐらぐらしていたら、飛ぶことすらままなりません。そのためのしっかりしたジャンプ台がクリエイティブブリーフであるというスタンスです。

クリエイティブブリーフで方向性を示しながら、発想を触発できるのが優秀なアカウントプランナー。ブリーフが納得できるものであることはもちろん、クリエイターを触発し、表現のジャンプを後押しするものでなければなりません。

ただ実際は、プランナーが書いたブリーフが決定事項としてクリエイターに渡されたり、あるいはブランドサイドの担当者とエージェンシーのプランナーが共同でブリーフをつくってクリエイターにオリエンするという流れで進みがちで、一種の仕様書として運用されることが多いのも現実。そこで「こんなブリーフじゃ、いいクリエイティブはつくれないよ」なんて摩擦が起こったりもするわけです。

ブリーフを書く際に大切なのは、ただボックスの穴埋めをするのではなく、各項目をつないでいくと、ひとつの戦略ストーリーになっているということ。このターゲットのこのインサイトをつくために、このプロポジションを伝えることで、こんな将来像になって、こういう広告目的が達成されるんだ、と一本の線でつながるように。

ブリーフの作成者自身が「たとえばこんな感じ」と描くアウトプットイメージを「プランナーズアド」といいますが、まさにこれがつくれるかどうかが大事。明快な戦略ストーリーがあれば、クリエイターならずともオーソドックスなアウトプットをイメージできるはずですから。

もうひとつ大切なのは、ブリーフは書き換えてもいい、くらいに思っておくこと。もし、ブリーフからは少し離れているけれど「心を動かす強いアイデア」がクリエイターから出てきたら……。そこには、自分たちが気づかなかった「心を動かす戦略」があると捉えて、ときには戦略を書き換えるくらいの柔軟性を持ちましょう。経験上、そのおかげで戦略的な深みが増すことも多いと感じます。

以上がインサイト、クリエイティブブリーフの基本。マス広告全盛の時代に確立した手法ですが、現在でもウェブなどいろいろなコミュニケーション戦略立案の現場で活用できるはず。よかったら、試してみてくださいね。

まとめ

・アカウントプランニングとは、「深層心理」が、人を動かすと考える戦略論。消費者の心理や行動を理解し、広告開発プロセスに取り込む手法。
・インサイトは、心を動かすツボ。
・クリエイティブブリーフは、広告の設計図。

強み

・消費者意識が反映された戦略およびクリエイティブが生まれやすい。
・インサイトは低関与の人、広告を信じない人の気持ちを動かす力がある。
・クリエイティブブリーフという1枚の設計図にまとめることで、戦略のブレをなくすことができる。

弱み

・インサイトは、その真偽や効果について定量的な評価が難しい。
・刺激ー反応モデル、つまり「メッセージを伝えて、意識を変える」という考え方がベースなので、双方向のコミュニケーションには向かない。

Direct

ダイレクト論

「反応」の喚起が、人を動かす。

第4章　ダイレクト論

今、アメリカで、会社単体で一番売上の大きなエージェンシーはどこでしょうか？　それは、エプシロン（Epsilon）。日本ではあまり名前は知られていませんが、ＣＲＭ／ダイレクトマーケティング系の会社です。＊1　そう、実はアメリカでは、マーケティング予算の半分以上を占めるほどダイレクト広告の存在感が大きくなっているのです。

「ダイレクト」と聞くと、ダイレクトメールを使ったコミュニケーションや通販広告、テレビショッピングなどを思い浮かべる人も多いでしょう。しかし今や、広告のフロンティアを切り拓いているネット広告の中心理論は、まさにこのダイレクト広告の考え方そのもの。「自分はブランド広告が専門だから」という人も、関係ないではすまされない、むしろ積極的に知っておくべき大切な戦略論になっています。

ダイレクト論は、「反応」の喚起が人を動かすと考える戦略論です。

ダイレクト論は、正確には「ダイレクトマーケティング」と「ダイレクトレスポンス広告」、

２つのレイヤーに分かれます。簡単にいえば、ダイレクトマーケティングを行うための顧客獲得手段がダイレクトレスポンス広告。

分かちがたく結びついている２つの理論、歴史に入る前に、まずはダイレクトマーケティングとは何か、というところから話を始めましょう。

ダイレクトマーケティングを定義する７つの特徴とは

ダイレクトマーケティングは、１９６１年にレスター・ワンダーマンによって提唱された理論です。「ダイレクトマーケティングの父」と呼ばれた彼は、世界的なダイレクトマーケティングエージェンシーの創設者。日本では電通と資本関係を結んで、電通ワンダーマンとして事業展開をしていますね。

さて、ダイレクトマーケティングとはいったい何か？　アメリカのダイレクトマーケティング協会（ＤＭＡ）の定義は以下のとおりです。

“an interactive system of marketing that uses one or more advertising media to effect a measurable response and/or transaction at any location, with this activity stored on a database.”
「複数の広告メディアを用い、反応を獲得する双方向のマーケティングである。その効果は測定可能でなければならない。取引は場所を固定せず行われ、それらの活動はすべてデータベースに蓄積、活用される」

この定義は、以下の7つの特徴をとてもわかりやすく示してくれています。

【ダイレクトマーケティング 7つの特徴】

① Interactive
双方向コミュニケーションであること。

② One or more advertising media
特定メディアに縛られず、あらゆる使用可能なメディアを自由に活用すること（だからこそ、ネット広告をリードする戦略論となっている）。

③ Effect
費用対効果を徹底的に追求すること。

④ Measurable
効果が定量的に測定可能であること。

⑤ Response
注文や問い合わせなど、行動として表れる「反応」を重視すること。

⑥ Transaction at any location
基本的に物理的な店舗を持たず、広告そのものが店舗の役割を担うこと。

⑦ Database
顧客データを詳細に管理することで、これらの特徴を実現していること。

ダイレクトレスポンス広告は反応を獲得できるかどうかがすべて

この章の冒頭に、ダイレクトレスポンス広告とは「ダイレクトマーケティングを行うための顧客獲得手段」であると書きましたが、具体的には先ほどあげた7つの特徴のうちの5番目、レスポンスを獲得することを目的とした戦略論のことを指します。

そしてダイレクトマーケティングは、レスポンスを獲得しながら、お客さんとの長いつきあいをつくっていくことを目指す考え方です。

ちなみに、ダイレクトマーケティングの反意語は「リテール（小売り）マーケティング」。CMを見てお店に商品を買いに行くというように、広告と販売が分かれたリテールマーケティングに対して、ダイレクトマーケティングでは広告そのものが店舗、広告と受発注が一体化していることが特徴です。

また、ダイレクトレスポンス広告の反意語は「ブランド広告」。第2章で述べたとおり、ブランド広告とは商品に関する良好な記憶を形成すること、言い換えればリテール（小売り店）の店頭にお客さんを連れてくるまでが、その役割といえます。

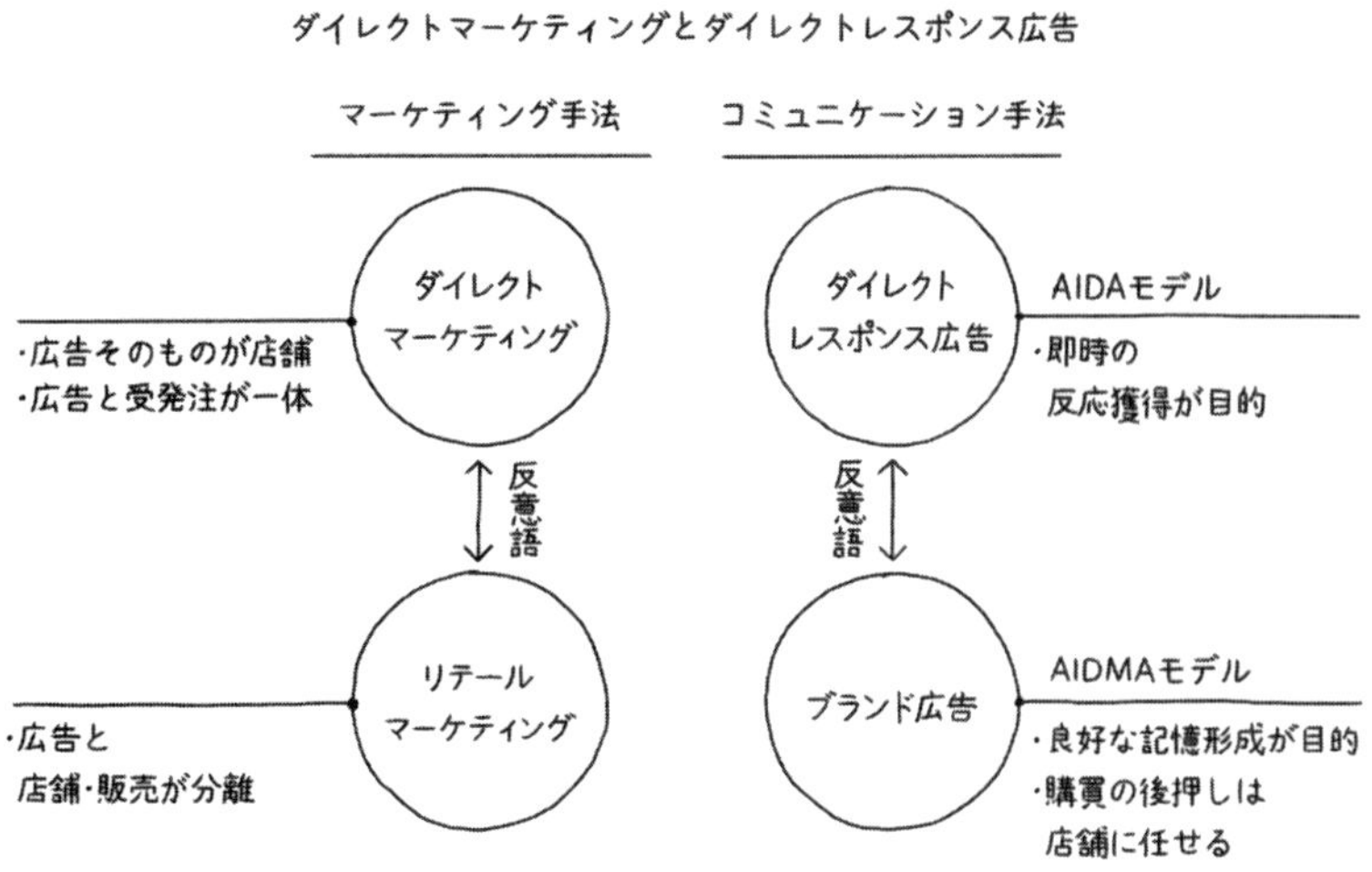

マス広告でよく使われる購買プロセスモデル「AIDMA」でいえば、ブランド広告はA（Attention＝注目）、I（Interest＝興味）、D（Desire＝欲求）、M（Memory＝記憶）までが責任範囲で、最後のA（Action＝購買）は店頭で後押ししてね、というモデル。

一方、ダイレクトレスポンス広告は、お客さんと直接コンタクトを取って、その場での反応を獲得することが目的です。つまり、M（Memory）をすっとばしてA（Action）に向かわせることを狙う、「AIDA」というモデルを活用するのが一般的。

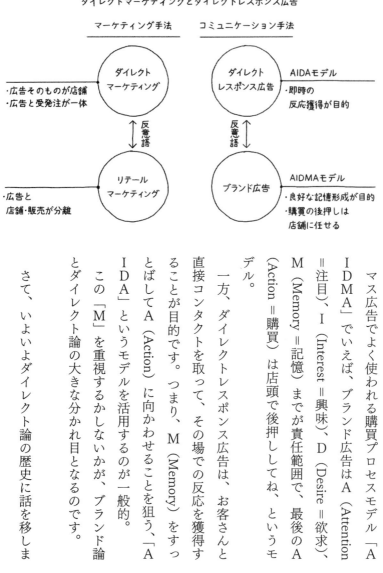

この「M」を重視するかしないかが、ブランド論とダイレクト論の大きな分かれ目となるのです。

さて、いよいよダイレクト論の歴史に話を移しましょう。

順に、ダイレクトマーケティングが誕生し確立した第1期、既存顧客へのアプローチと長期的な関係構築が重視され始めた第2期、eコマースとネット広告の登場によってウェブへと移行した第3期、新規獲得からリテンションまでをデータで統合していくことを目指す第4期。大きく4つのフェーズに分けて見ていきましょう。

歴史

第1期：ダイレクトマーケティングの誕生と広がり

ダイレクト論が生まれたのは、19世紀のアメリカ。そもそもアメリカは国土が広いため、小売り店舗が少ないエリアが多く、メールオーダー（通信販売）が求められる土壌がありました。

通信販売の起源としては、広大な国土に鉄道が普及したことをきっかけに始まった農作物のカタログ販売が最初だという説と、あのジュエリーブランドのティファニーが

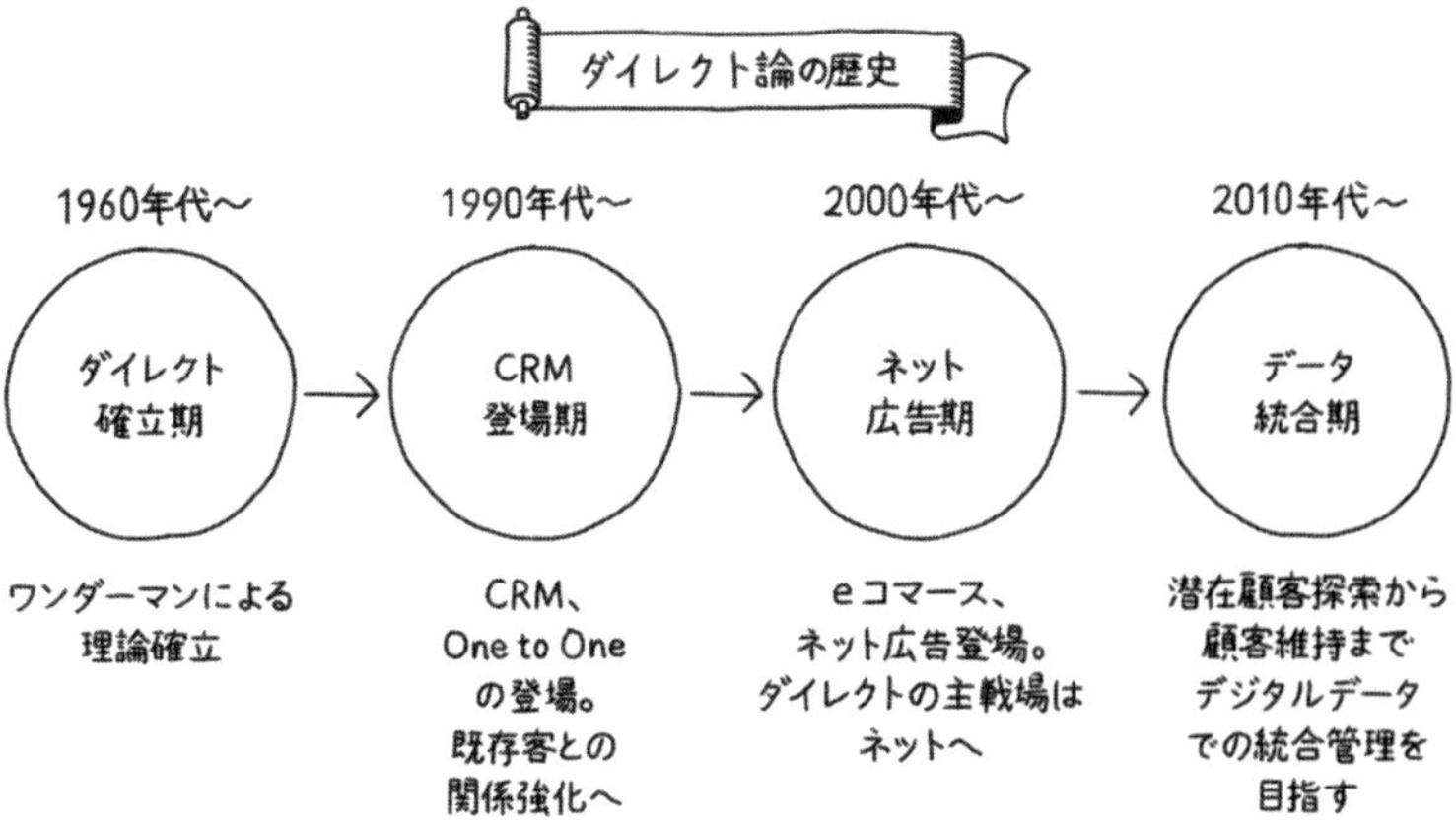

１８４５年にメールオーダーカタログを発行したのが始まりだという2つの説があります。いずれにしても、いかに通信販売がアメリカの暮らしに根づいていたかがわかるでしょう。

そして、１９６０年代にレスター・ワンダーマンがダイレクトマーケティングを提唱して以来、基本的な理論に大きな変化はなく現在に至っています。

ただ、時代によって活用するメディアは変遷していきました。ダイレクトマーケティングは費用対効果を重視するので、ターゲットをセグメントしやすいメディアを好みます。１９６０年代は紙媒体（新聞・雑誌）が中心でしたが、その後、電波媒体（ラジオ・テレビ）が加わり、そして今やウェブが中心に。

また、ダイレクトマーケティングは新規顧客獲得後のコミュニケーションを大切にしますが、その手法もＤＭ（ダイレクトメール）に電話が加わり、さらに近年ウェブやモバイルが加わり、と進化してきたわけです。

日本でも１９７０年代には、総合通販、通信教育、テレビショッピング、健康食品系の単品通販企業などが登場、ダイレクトマーケティングが本格的に展開されるようになります。中でも注目したいのは、福岡を中心とする九州エリアが通販王国になったこと。そのはじまりは、明太子を生み出した博多の「ふくや」だといわれています。

１９７５年に新幹線が博多まで開通したことで、東京や大阪のサラリーマンがふくやの明太子をお土産として持ち帰るようになりました。すると、また食べたいという要望が多く寄せられるように。そこでふくやは、電話注文を受けて全国に届ける仕組みを開発、顧客リストを用いた「通信販売」の原型ができあがったのです。

ふくやは、コールセンターなどのノウハウを教えてほしいという福岡周辺の企業からの要望に快く応じ、勉強会が生まれました。ベンチャースピリットを持った単品通販会社の創業者をはじめとする参加者同士がフィードバックしあうことでノウハウがさらに蓄積。現在、通販の世界では、九州発の事業者、広告関係者、コンサルタントが全国で活躍しています。

第2期：テクノロジーの発達で顧客との関係強化が可能に

1990年代になると、新たな動きが起こりました。それは、データベースをもとにしたマーケティングの発展です。

たとえば、『The One to One Future（邦題：ONE to ONE マーケティング）』（1993年）を著したドン・ペパーズ、マーサ・ロジャースによって提唱された「ワンツーワンマーケティング」。顧客一人ひとりの趣向や属性などをもとにして、個別にマーケティングを行っていく手法です。

さらに同じ時期、アメリカでCRM（カスタマー・リレーションシップ・マネジメント＝顧客関係管理）という概念も登場。顧客接点での情報を統合して管理し、お客さんとの長期的な関係をつくって、製品・サービスの継続的な利用を促すアプローチが生まれました。

どちらも、それまでの新規顧客獲得に偏ったマスマーケティングを批判し、既存客一人ひとりとのインタラクティブな関係構築を重視した考え方といえるでしょう。

ダイレクトマーケティングは、当初から顧客をデータベース化し継続的に取引することを志向していました。しかし、膨大なデータを活用しきることは事実上困難で、戦略は新規顧客獲得が中心になりがち。それが、ＩＴの発展によって可能になるというビジョンが生まれたわけです。

ちなみに、既存客の大切さの論拠としてよく語られるのが、新規顧客獲得には既存客の5倍のコストがかかるという「1：5の法則」。しかも、既存客は一度商品を購入しているため、少ない獲得コストでリピートし、中長期にわたって商品を購入し続けてくれるロイヤル客となる可能性も高いのです。

既存客を大切にし、関係強化することで継続的な取引へとつなげていく。もちろん、そうした戦略コンセプトは魅力的でしたが、すぐには本当の意味での運用レベルにまでは至りませんでした。

というのも、ＣＲＭが提唱されたのは、コンサルティング会社とシステム会社がタッグを組んでＩＴシステムを売りたいというビジネス上の理由もあったから。しかも、ＩＴシステムはまだまだ非常に高価なうえ使い勝手も悪く、導入したものの現場でまったく使いこなせないというケースも多々。

その後、技術の発展とともにコストが2ケタ下がり、使い勝手も劇的に向上、現在ではマーケティングコミュニケーションにおいて欠くことのできない分野に成長しています。

そしてこの時期、もうひとつ同時に起こった動きが大手メーカーの通販への参入です。80年代半ば以降、ＰＯＳシステムの導入やバブル崩壊後の価格に敏感な消費トレンドによって、マーケティングの主導権はメーカーから流通企業へと移りつつありました。

その結果、苦労して開発した商品が、発売後2～3週間の売上だけを見て、店頭からすぐに棚落ちさせられることもしばしば。メーカーとしてはブランド育成がままならないどころか、生産計画すらも立てられない状況に陥ってしまいます。

しかし、そんな厳しい状況だったからこそ、通販の世界で「自分たちでお客さんとしっかり向き合って、レスポンスを受け止めて事業をやっていこう」という機運が生まれたのです。

こうした新しい動きを経て、ダイレクトマーケティング業界は、徐々に底上げされていったといえるでしょう。

第３期：eコマースの登場とネット広告・アドテクノロジーの進化

１９９０年代に起こったエポックメイキングな出来事、それはなんといってもeコマースの誕生です。

１９９５年にはアマゾンが、日本でも１９９７年には楽天がサービスを開始し、eコマース市場は２０００年頃から急速に拡大。ネット広告が発達すると、コミュニケーションのファーストコンタクトから購入までがウェブ上で完結できるようになりました。すべての顧客の購買プロセスを、デジタルデータで管理できるようになったことで、ダイレクトマーケティングはさらに大きく進化していきます。

おさらいになりますが、ダイレクトマーケティングの特徴は、広告と店舗が一体化していること。広告集客から販売までをネット上でできるeコマースは、まさにダイレクトマーケティングにうってつけ、先人の知恵を最大限生かせるフィールドだったのです。

さて、ここでダイレクトレスポンス広告の遺伝子を引き継いだネット広告とアドテクノロジーの進化・変遷について説明しておきましょう。

そもそも、なぜネット広告はダイレクトに向いているのか。それは広告効果のデータを可視化（緻密な計測）することが可能であり、ターゲティング効率化のためのテクノロジーがあるからです。

ネット広告の進化を一言でいえば、ターゲティング精度向上を目指し続けること、となるでしょう。最重要課題は、どれだけ効率的にレスポンスを獲得できるか。つまり、反応しやすい＝購買してくれそうな見込客をいかに効率よく見つけるかが重要です。

だいたい２００８年頃までに、このあと紹介するさまざまなタイプの広告メニューが登場、それ以降は配信や管理、運用技術が発達し、さらなるデータ統合が進んでいった。そんなふうに、ざっくり捉えて読み進めてください。

それぞれ、世界（アメリカ）ではじめてその広告形態が生まれた年を記していて（誕生年は諸説あります）、ほとんどがリアルタイムか、遅くとも3年遅れくらいで日本にも上陸しています。

［ネット広告　さまざまなメニューの進化］

バナー広告（1994年）

ネット広告のうち画像などで表現する広告の総称で、クリックすることで広告主のウェブサイトへ誘導されるもの。最初のバナー広告は、人がたくさん集まるサイトの「枠」にいわば看板のように出るものでした。

広告デジタル情報誌『Wired』のウェブサイトに掲載されたものがそのはじまりともいわれていて、「ワイアードアド」と呼ばれることも。のちに「ディスプレイ広告」と呼ばれるようになり、一定期間枠を買い取る「純広告」と、掲載先や入札単価などを変動させながら出稿方法を最適化していく「運用型広告」の形で、ネット広告の主流となっていきます。

アフィリエイト広告（1996年）

あるウェブサイトに設置された広告を通してお客さんが商品を購入した場合、その利益の一部を広告媒体に渡す成果報酬型の広告。アマゾンのジェフ・ベゾスがカクテルパーティでの会話から思いついたというエピソードもありますが、それ以前にアダルトサイトが始

ネット広告の進化

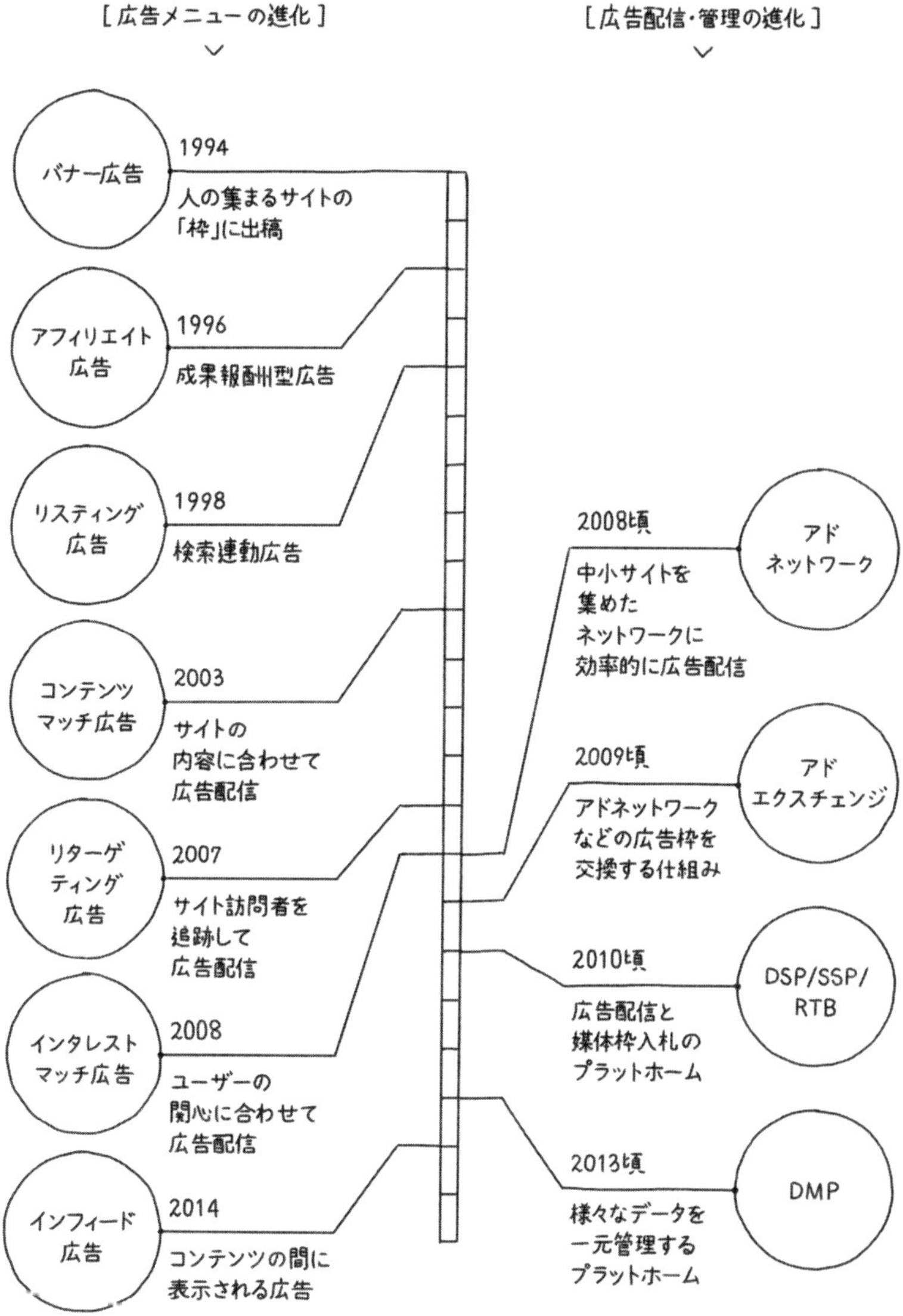
[広告メニューの進化]
[広告配信・管理の進化]
バナー広告
1994
人の集まるサイトの「枠」に出稿
アフィリエイト広告
1996
成果報酬型広告
リスティング広告
1998
検索連動広告
コンテンツマッチ広告
2003
サイトの内容に合わせて広告配信
リターゲティング広告
2007
サイト訪問者を追跡して広告配信
インタレストマッチ広告
2008
ユーザーの関心に合わせて広告配信
インフィード広告
2014
コンテンツの間に表示される広告
アドネットワーク
2008頃
中小サイトを集めたネットワークに効率的に広告配信
アドエクスチェンジ
2009頃
アドネットワークなどの広告枠を交換する仕組み
DSP/SSP/RTB
2010頃
広告配信と媒体枠入札のプラットホーム
DMP
2013頃
様々なデータを一元管理するプラットホーム

めていたという説も有力。

リスティング広告(1998年)

ユーザーがキーワードを検索したとき、その結果に連動して表示される広告。能動的な検索行動に連動するので購買に直結し、しかも少額の予算で始められる点が画期的なところでしょう。

検索連動型広告のはじまりとされているのは、アメリカのアイデアラボ社が1998年に生み出した「GoTo.Com」というサービス。アイデアラボ社は、のちに「Overture」と名前を変え、2003年にYahoo!傘下に。現在、Yahoo!はYahoo!スポンサードサーチ、GoogleはAdWordsというサービス名で提供しています。

コンテンツマッチ広告(2003年)

サイトのコンテンツの内容や言葉を解析して、広告主の選択したキーワードなどとマッチングさせ、関連度の高い広告を配信するもの。GoogleのAdSenseなどが有名。

リターゲティング広告（２００７年）

広告主のサイトを訪問したことがあるユーザーの行動を追跡し、他サイトの広告枠に当該商品の広告を配信。「お店に足を運んだことのあるお客さんは有望なお客さんだろう」という考えで、ユーザーを追いかけて広告を見せるという手法。ちなみにGoogleはこのサービスをリマーケティング、Yahoo!はリターゲティングと呼んでいます。

インタレストマッチ広告（２００８年）

登録した広告とネットユーザーの興味関心（閲覧中のページの内容や過去の閲覧履歴、検索キーワードなど）に関連があるときに広告を配信します。Yahoo!のインタレストマッチなどが有名。

バナー広告の時代は単なる「枠」の取引でしたが、その後、Cookieなどによってユーザーの行動を把握し、ターゲティングされた対象ユーザーを選別する「行動ターゲティング」が生まれました。行動ターゲティングは、アメリカで２００４年頃から注目され、その後、広告メニュー化されています。リターゲティング、インタレストマッチも行動ターゲティングの一種といえます。

インフィード広告（２０１４年頃）

ウェブサイトやスマホアプリのコンテンツとコンテンツの間に表示される広告。Facebook や Twitter などのＳＮＳや、ニュースアプリなど、タイムライン型のＵＩ（ユーザーインターフェイス）を持つメディアと相性がよく、活用されています。

【ネット広告　ネットワーク化と管理方法の進化】

アドネットワーク（２００８年頃）

中小ウェブサイトの広告枠を多数集めて「広告配信ネットワーク」をつくり、多数のサイトで広告を配信する広告配信手法。これ以前から「まとめ売り／買い」の形でのアドネットワークは存在していたが、２００８年頃から、ネットワークを横断した Cookie などのデータをもとにユーザーの傾向を分析して配信するようになり、より効率的な広告配信が可能になりました。

アドエクスチェンジ（2009年頃）

各ウェブ媒体やアドネットワークが持っている広告枠の交換を可能にする仕組み。これによって、「オーディエンス拡張」なども可能になりました。たとえば、商品を購入したユーザーやサイトに訪れたユーザーと似たような行動をしているが、まだサイトに訪れていないユーザーをネットワークの中から探し出し、ターゲティングして配信することもできるように。「Look-alike（「似ている」という意味）」とも呼ばれます。

これらの動きは「オーディエンスターゲティング」と呼ばれる手法を進化させていきます。オーディエンスターゲティングとは、行動ターゲティングをさらに発展進化させたもので、オーディエンス（閲覧者）のサイト間を横断した行動履歴まで幅広く収集し、個人を特定しない人のプロファイル（属性）なども組み合わせ、従来より精度を高めたターゲティング手法のことです。

DSP・SSP・RTB（2010年頃）

DSP（デマンド・サイド・プラットフォーム）は広告主側が複数のアドネットワーク、アドエクスチェンジを一元管理するための広告配信プラットフォーム。広告買い付けや配信、効果検証などを行うことができます。SSP（サプライ・サイド・プラットフォーム）はその逆で、媒体側が用いるプラットフォーム。

RTB（リアル・タイム・ビッディング）は、DSPとSSPの間をつなぐ、オンライン入札の仕組み。このおかげで、反応のよい媒体、時間帯、オーディエンス、クリエイティブなどを分析しながら、リアルタイム、1インプレッション（広告の露出回数）単価での媒体購入が可能になりました。

ちなみに、DSPやRTBは、リーマンショックで解雇された金融工学のエンジニアがつくったもので、オンライントレードと同じ理屈でできているといわれています。

第4期：データ統合によって新規顧客獲得と顧客維持が一気通貫

ＤＳＰやＳＳＰの登場によって、より効率よく、より自由に媒体の売買が行えるようになりました。その次の段階が、データの統合。顧客になる前から商品購買後まで、すべての段階をデジタルデータで紐づけることを志向しています。

デジタル化以前は、サンプル購入などのタイミングで、お客さん自身が登録するまでは個人データを取れなかったのが、今ではオーディエンスデータなどの活用で、それに近いことが可能になりました。将来の顧客に対して、最初のコンタクト段階からいい関係を育てていくコミュニケーションが可能になったわけです。

つまりアクイジション（新規顧客獲得）とリテンション（顧客維持のＣＲＭ）を一気通貫した「広告のＣＲＭ化」が起こってきているのです。アドテクノロジーが獲得した「個の理解」は、ネット広告の新たな地平をひらく武器となりました。

そうしたデータ統合のプラットフォームとして使われるのがＤＭＰです。

ＤＭＰ（２０１３年頃）

データマネジメントプラットフォームの略で、自社サイトへの訪問者や顧客データなど自社が保有するデータ、閲覧履歴などメディアが保有するデータ、外部の調査・データ会社などが保有するユーザーの購買行動や意識のデータ、そして広告配信やプロモーションについてのデータなどを一元管理するプラットフォーム。

これによって、配信する広告やメールなど、お客さんへの〝打ち手〟を最適化できるようになりました。ただ、データの取り扱いやセキュリティー、プライバシーの問題など、導入にはさまざまなハードルが。すべてのデータを統合してきっちり運用している例はまだ少なく、各社できるところからチャレンジしている状態です。

また厳密にいえばアドテクノロジーには含まれないかもしれませんが、2014年頃からは「マーケティングオートメーション」という手法が脚光を浴びています。マーケティングオートメーションは、2000年頃にアメリカで誕生したといわれる仕組みで、お客さんとの間の個別のコミュニケーション業務を自動化するために開発されたもの。大きくCRMの一部と認識してもいいでしょう。

もともと営業部門（とくにB to B企業）は、1990年代からセールスフォースに代表される「リード（見込客）」管理のための営業支援システムを導入していましたが、最近ではメールやウェブ、デジタル広告、ソーシャルメディアやオフラインのイベントなど、顧客接点はますます多様化。膨大な見込客情報の精度や、購買確度の仕分けといった課題を解決する必要が出てきました。

そこで、想定される顧客行動に合わせたマーケティングアプローチをあらかじめシナリオ化しておき、実行・検証部分を自動化する、マーケティングオートメーションに注目が集まっているのです。

さて、ここまでネット広告の発展の歴史を追って見てきましたが、広告の「掲載パターン、フォーマット」「配信技術」「管理技術」などが複雑に入り乱れているので、あらためてここで主なネット広告の種類を分類しておきましょう。

【ネット広告の種類と分類】

① 掲載パターン、フォーマット分類

・アフィリエイト広告

・リスティング広告

・ディスプレイ広告（運用型広告）
・インフィード広告（運用型広告）
・ディスプレイ広告（純広告・プレミアム広告）

②広告の購入パターン分類

・成果報酬型（広告によって生じた利益に応じて成功報酬を与える形態。アフィリエイト広告が代表的）
・クリック保証型（広告が一定回数クリックされるまで広告掲載を行う方式。リスティング、運用型ディスプレイ・インフィード広告で用いられる）
・インプレッション保証型（広告が一定回数表示されるまで広告掲載を行う方式。運用型ディスプレイ・インフィード広告で用いられる）
・期間保証型（ある一定期間、その広告を掲載し続けるもの。純広告）

③運用型ディスプレイ広告の配信手法の分類

・コンテンツマッチ

・リターゲティング
・インタレストマッチ

④広告のネットワーク化と管理方法
・アドネットワーク
・アドエクスチェンジ
・DSP／SSP
　RTBで広告枠の買い付けが効率化
　配信手法としての拡張配信の進化
・DMP
　さまざまなデータを組み合わせてより精度の高い配信が可能

①の各広告は、右側のものほどリスクなく取り組みやすく、左に進むほどリーチがとれるので、新規・潜在層が狙えます。また、プレミアム広告はブランディングに使用される

ことが多いでしょう。

②の購入パターンについても、右側ほどリスクが少なく取り組みやすいといえます。

プランニングの考え方
基本的なフレームワークは顧客の〝ロイヤル化〟

ここからは、ダイレクトマーケティングの基本的なフレームワークについて確認していきましょう。基本的には顧客を5つの段階に分けて考えるのが一般的です。

①潜在顧客
②見込客
③新規顧客
④リピート客

⑤ロイヤル客

目指すのは、〈①潜在顧客〉にレスポンス広告を打ち、効率よく多くの〈②見込客〉を集め、獲得した〈③新規顧客〉を再度注文してくれる〈④リピート客〉に引き上げ、最終的に〈⑤ロイヤル客〉にすること。

さまざまな施策を打って〝ロイヤル化〟させていき、LTV（ライフタイムバリュー）を最大化するのがゴールです。ライフタイムバリューとは「顧客生涯価値」、つまりひとりの顧客が取引期間を通じて企業にもたらす利益のこと。長期的な関係を築き、取引を継続してもらうことがもっとも重要というわけ。

基本フレームは、大きく「アクイジション（顧客獲得）フェーズ」と「リテンション（顧客維持）フェーズ」に分かれます。

【顧客獲得（アクイジション）フェーズ】

〈①潜在顧客〉を〈②見込客〉にするために、新聞、テレビのCMやインフォマーシャル（比較的時間が長く、詳細な情報を提供する長尺CMやPR番組）、折り込みチラシなどに「ダイレクトレスポンス広告」を打ち、ここで問い合わせや、無料のトライアルセット申し込みといったレスポンスを獲得します。

大切なのは「行動」に近いターゲットを絞り込み、「行動」を促すベネフィットを徹底的に語ること。クリエイティブに関しては、商品の機能・効能に優位性があればそれを訴求、なければ価格の安さや注文が便利でラクなことなどを、ファクトベースで伝えます。

いきなり大がかりなキャンペーンを行うのではなく、たとえばチラシでパイロット的にＡＢテスト（ＡとＢの２パターンを用意し、どちらがより効果的かを実験する手法）を行い、結果のよいものを選んで、大規模なＣＭ、新聞広告、折り込みを展開するというのがポピュラーでしょう。

顧客の声、比較データ、開発ストーリー、専門家の意見、販売実績などは説得力を増すための常套手段。「行動」のきっかけとして価格優遇、無料プレゼントやサンプル、有料サンプルといった「オファー」を使います。

ここで重要なのは、あくまでＬＴＶの最大化が目的であるという視点。広告費や無料サンプルセット代など、顧客獲得の段階で仮に赤字が出ても、最終的に取り返せれば問題ないというスタンスで投資を行います。

ダイレクトマーケティング基本フレーム

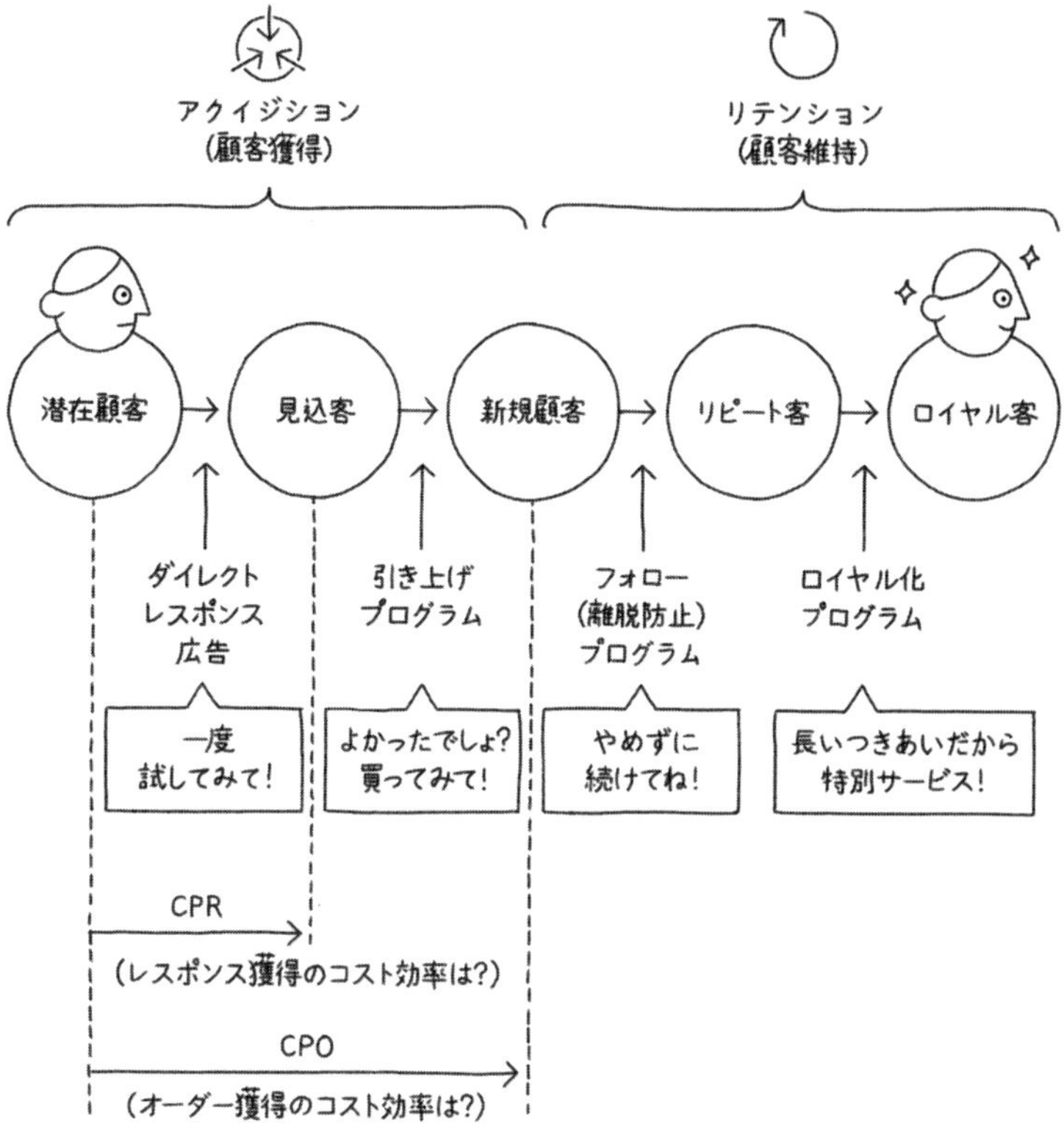

ダイレクトレスポンス広告で重視する指標としては、以下の3つが代表的です。

CPR（コスト・パー・レスポンス）：1レスポンスを獲得するために必要なコスト
CPO（コスト・パー・オーダー）：1受注を獲得するために必要な費用
レスポンス件数：問い合わせ、資料請求、受注数など

CPRは、やはりクリエイティブのよしあしによって、効果が何倍も変わります。メディア選択は、PDCA（Plan＝計画→Do＝実行→Check＝評価→Action＝改善をくり返していく手法）を回していくことで比較的最適化しやすいのですが、クリエイティブ開発はそうはいきません。

またダイレクトのクリエイティブは、記憶に残し、好意を醸成することを目的とするブランド広告とは違い、すぐに行動に結びつけることを狙うため独特の方法論があります。それゆえ、ブランド広告で経験を積んだクリエイターが担当しても、すぐにはうまくいかないことが多いようです。

そして、次は〈②見込客〉を〈③新規顧客〉にするプロセスです。このときすでに企業側には、レスポンスによって得られた顧客のデータがありますよね。

トライアルセットが使い終わる頃を見計らって、コールセンターから電話（アウトバウンドコール）をしたり、DMを出したり。ここでテーマとなるのは、どんなタイミングで電話、DM、メールを送るべきか、どんなツールが最適かということ。これらを細かく検証し、次の施策に生かすべく体系化していくわけです。

また、新規顧客獲得の段階でサンプル購入をしてもらうか、よりハードルが高い本品購入までしてもらうか、というのも大きな分かれ目。

前にも書いたとおり、1970年代、福岡を中心に通販ビジネスが立ち上がった頃は知名度が低いベンチャー企業が多かったので、いわゆる「2ステップマーケティング」が主流でした。マス広告で信頼性を高めながら、まずは無料サンプルやお試し価格の商品を申し込んでもらい、顧客情報を獲得するところまでもっていく。その後、見込客にアプローチして本商品購入に持ち込むというアプローチです。

しかし、最近では大手企業も増え、信頼性も高まってきたので、サンプルやお試し価格を飛び越えて、いきなり定期購入コースに入ってもらって、いかに離脱させないかというアプローチも増えています。

【顧客維持（リテンション）フェーズ】

すでにある顧客データをもとに、顧客を分類してアプローチします。

参考までにお伝えすると、代表的な分類方法としては、顧客を購入金額の高い順に等分して、各ランクの購入比率や売上構成を算出する「デシル分析」や、Recency（最新購入日）、Frequency（購入頻度）、Monetary（購入金額）の3つの指標で顧客を分類する「RFM分析」などがあります。

一度オーダーした〈③新規顧客〉を〈④リピート客〉にするためには、離脱防止（フォロー）のDMやフォローコール、定期コースのおすすめなどに加え、休眠客を復活させる施策も行います。

さらに〈④リピート客〉を〈⑤ロイヤル客〉にするために、ロイヤルティプログラム（一定期間愛用してくれた顧客に対し、特別なサービスを行うプログラム）を用意したり、友人紹介プログラムを実施したり、クロスセル（購入する商品に合わせて関連商品も勧めていく）、アップセル（購入した商品よりも上位のものを購入してもらう）のキャンペーンなども行います。

ネット時代の顧客獲得は、指標を見ながら大きな視点で

さて、ここまでは、まさに1960年代から続くダイレクトマーケティングの基本的なフレームワーク。現在進行形のプランニング手法について語るなら、1990年代以降のネット時代についても触れざるをえないでしょう。

ネットが普及した現在でも、ダイレクトマーケティングの基本的な戦略論は同じ。ただ、デジタルデータを使った分析・運用ができるため、より精度が高まっています。

ネット時代の顧客獲得（アクイジション）フェーズの一般的な流れは、リスティング広告やディスプレイ広告で顕在客（ニーズがあり商品、サービスを探している顧客）を獲得するところからはじまります。ディスプレイ広告とは、写真や画像など視覚的要素が強い、

いわゆるバナー広告（動画広告やFacebookのインフィード広告、Twitterのプロモツイートを含むことも）ですね。

ビジュアルやコピーを組み合わせて、ＡＢテストをくり返して最適化しますが、最近ではプログラムで自動生成する仕組みもあります。

広告をクリックした結果、行き着くのはランディングページ（ＬＰ＝広告をクリックした際に表示され、ユーザーが最初に訪問するページ）。いきなり企業サイトのトップページや商品一覧ページに飛ばすのではなく、お客さんが最初に目にする着地ページを来訪動機によって出し分けることで、離脱しないようにするわけです。

ＬＰには、メインベネフィットを中心に、ユーザーの悩みやニーズ、商品特徴、成分といったファクト、著名人、一般人の体験談、人気情報（売上ナンバーワンなど）やオファーを流入元ごとに組み合わせて掲載するのが一般的。

また、商品購入や定期申し込みを促す手法としては、「カート内アップセル」も有名でしょう。サンプル購入を決めて、支払情報の入力という手間を乗り越えたあとの「確認画面」は、商品への期待と興味がもっとも高まるタイミング。ここでおトクなレコメンドとして、定期コースなどに誘うことが効果的とされています。

ネット時代のダイレクトマーケティング基本フレーム

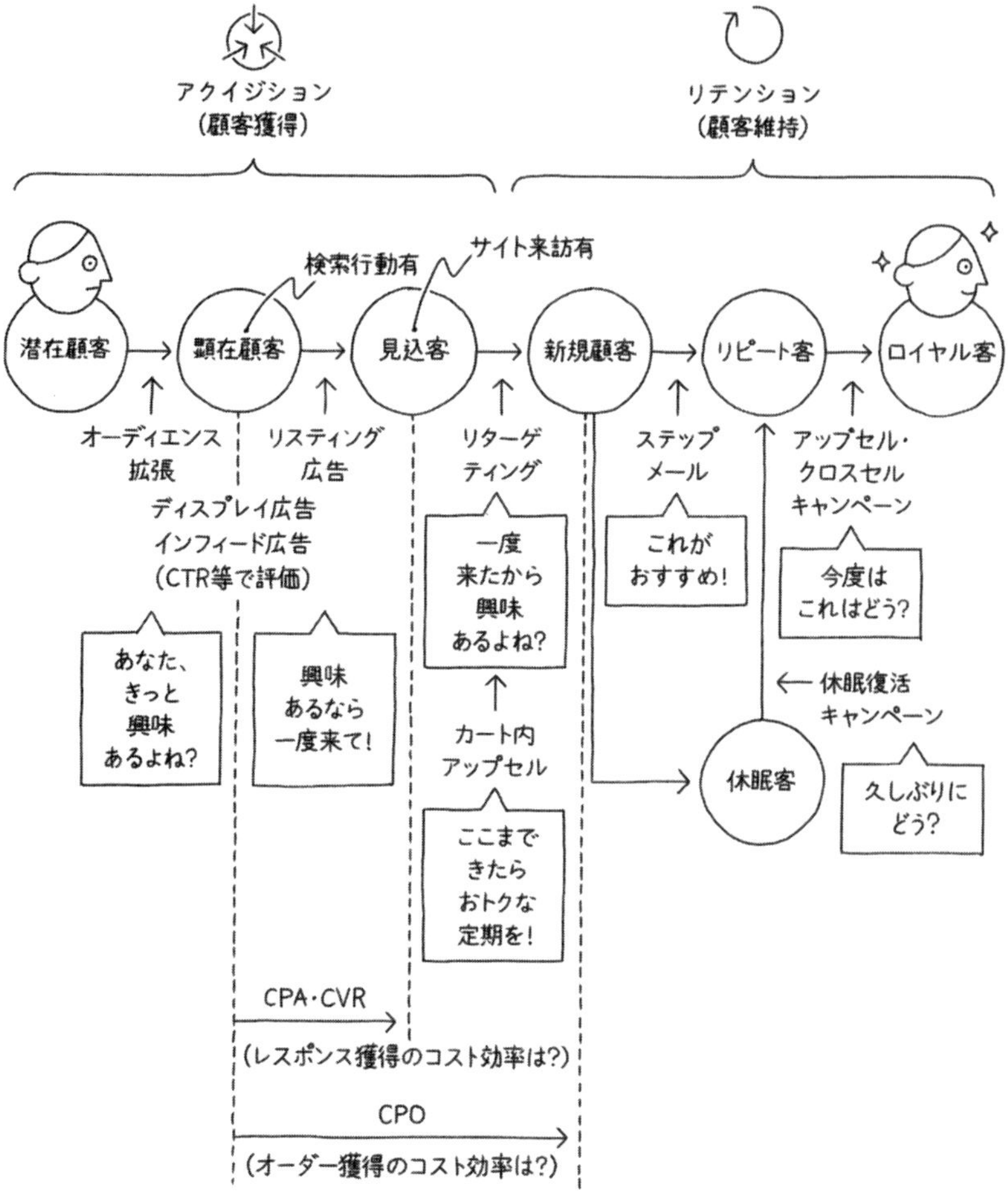

さて、こうした運用型広告を使う際は、さまざまな指標で評価をくり返しながらPDCAを回し、掲載先や入札単価などの最適化が求められます。成果指標の代表としては、CPA（顧客獲得単価）がよく話題にのぼりますよね。

ダイレクトはある程度ニーズが顕在化した段階でのターゲット獲得が強みなので、CPAを見ていくのは、ある意味当たり前。ただ低いコストで獲得できる顕在顧客数には限りがあるので、当然競合との奪い合いになり、CPC（クリック単価）も高騰します。

この改善に汲々とした結果、CPAに固執しすぎてLTVを見失ってしまう、つまり顧客獲得コストを下げることのみに集中して、企業の長期的な利益にプラスにならないようなこともあるようです。一部では、1円でも安い単価で顧客を刈り取ることのみを考えた刹那的なマーケティングになっていることも否めません。

それでは、まさに木を見て森を見ず。そもそもお客さんの購買行動は、広告を見て販売ページに行ってすぐに買うというように直線的ではありません。広告を見たり、競合商品と比較したり、クチコミサイトでレビューを参照したりして、ようやく購買に至るわけですから、単純なCPA管理だけでは不十分。

最近では、直接成果につながった流入経路・広告だけではなく、そこに至るまでのすべての接触履歴を解析して貢献度を測る「アトリビューション分析」も進んでいます。費用対効果が見えるからこそ、大きな視点での取り組みが求められるのですね。

最後に、ネット広告の代表的な指標を紹介しておきましょう。とにかく英字3文字ばかりでややこしいので、興味のない方は読み飛ばしてください。

【ネット広告の代表的な指標】

・CPA（Cost Per Acquisition あるいは Action）

顧客獲得単価＝商品購入や会員登録などの、利益につながる成果を1件獲得するのにかかったコストのこと。〈CPA＝広告費÷獲得顧客数〉で求められ、商品購入数、資料請求数、問い合わせ数、会員登録数など獲得数の設定はさまざま。どのくらい効率的に顧客を獲得できたかの指標となります。

・CTR(Click Through Rate)
クリック率。広告がクリックされた割合のこと。〈CTR＝クリック数÷インプレッション（広告が表示された数）〉で求められ、どのくらい興味をひく広告をつくれたかの指標となります。

・CVR(Conversion Rate)
広告クリック後に広告主のウェブサイトを訪問した人のうち、購買や申し込みなどの「成約」につながった割合。〈CVR＝成約者数÷広告クリック数〉で求められ、閲覧したユーザーの期待を裏切らないランディングページやコンテンツ、サービスを用意できていたかの指標となります。

・CPC(Cost Per Click)
クリック単価。1クリック（サイトへの1アクセス）を獲得するのにかかるコスト。〈CPC＝広告費÷クリック数〉で求められ、広告枠を入札する場合は、CPCの上限を設定します。

ネット時代の顧客維持は、きめ細かな対応が肝心

顧客維持（リテンション）フェーズでは、ネット広告以前と同様に、顧客を購入頻度などでセグメント分類したうえで、さまざまなアプローチを行います。

カスタマージャーニー（一人ひとりの顧客がどのようにブランドとの接点を持ち、購入に至るか）ごとに、きめ細かくレコメンドやオファーのステップメール（あらかじめ設定しておいたメールの自動配信）を送り、継続購入、定期コース、アップセル、クロスセル、休眠復活などを通して、離反防止をしながらロイヤル化を目指します。

とはいえ、ただ企業の都合でセールスメールを送りつけられても、何も響かないし開かれもしないですよね。お客さんごとにタイミング、チャネル、頻度などを最適化する、きめ細かな対応によって効果は大きく変わってくるでしょう。

ｅコーマスサイトでも、会員数が１０００万人単位になると、ステップメールで告知をするよりも、テレビＣＭを使ったほうが効率的。最近よく見る大手の通販サイトなどによる「今ならポイント○倍」といったＣＭは、アクティブ顧客の継続率向上や休眠客の復活といった、リテンション施策として行われているものです。

ＣＲＭでは「ワンツーワンのおもてなしが大切」といわれますが、どこまでリソースを割けるのかという悩みもあるでしょう。そのため、マーケティングオートメーション（Ｐ１６８参照）などを活用して、なるべく省力化することが模索されています。

その一方で、ザッポス（第６章で詳しく触れます）のように徹底した〝人力の〟ワンツーワンコミュニケーションによって、圧倒的なロイヤル客を生み出している会社もあります。顧客維持フェーズは、第２章のブランド論や、第６章のエンゲージメント論とも重なる領域で、さまざまなアプローチが模索されているといっていいでしょう。

顕在顧客を刈り取ったあとは、さてどうするか？

ニーズが顕在化している顧客の獲得に絶大な力を発揮するダイレクト。とくにネット広告は効率がいいだけに、顕在顧客を刈り取り尽くすまでが早く、へたりがすぐに訪れるといわれます。たとえば、単品通販では売上100億円で天井を迎えることが多く、「単品通販100億円の壁」と呼ばれているそう。

顕在客を刈り取り、天井を経験したあとにどうするか、そこが勝負。一般的には「需要喚起型広告」や「ブランド広告」を用いてリーチを広げていきます。

「需要喚起型広告」でリーチを広げる

新聞や雑誌、ネットならリスティング広告やディスプレイ広告などのレスポンス広告の効率が悪くなった場合には、リーチを広げるというのがひとつの方法でしょう。典型的なのは、テレビCMを使ったダイレクト広告。ニーズが顕在化する前のターゲットを対象にベネフィットを語って、興味を引くことでレスポンスにつなげていく手法です。

たとえば、保険商品のメリットを語りつくしたうえで「ウェブ、スマホでカンタン見積もり」あるいは「ネット割引」で誘因する。ニュースアプリなら「○○の秘訣とは」などとベネフィットを訴求してダウンロードを促す。「明日のチラシをご覧ください」とチラ

顧客別でのダイレクト広告、ブランド広告の役割

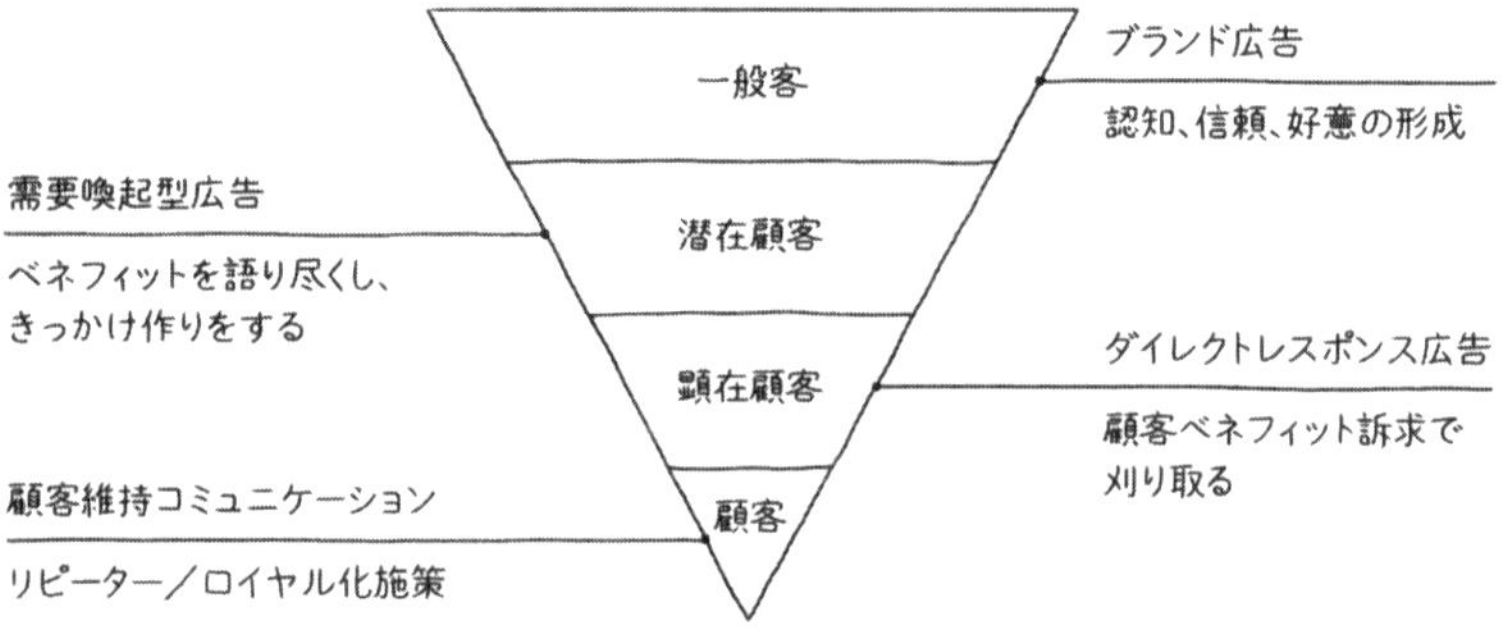

参考:『先頭集団のダイレクトマーケティング』(朝日新聞出版)

シへ誘導し、リーチやレスポンスを高める……。

レスポンス型に比べて効率は落ちても、顧客の絶対数が増加すればいいと考える、あくまでダイレクト論の延長でのアプローチです。

「ブランド広告」と組み合わせる

ダイレクトマーケティングは、きわめて短期的なレスポンスを効果指標にすることがほとんど。ただ比較的中期的視点で、記憶に働きかけ、好意を醸成するブランディング活動を組み合わせることで、短期的な刈り取り効果も含めた最適化を狙う方法もあります。

とくにテレビCMなどを用いたブランド広告が、ダイレクトマーケティングにもたらす効果をまとめましょう。

① 認知、純粋想起の獲得

「自動車保険なら○○」「バイト探すなら○○」というように、カテゴリーからブランド名を純粋想起させることはダイレクトマーケティングにおいても有効です。このとき重要なのは、カテゴリーで一番に想起されるようになる、ということ。なぜなら、人はいつも自動車保険やアルバイトを探しているわけでなく、自分にそのニーズが出てきたときにはじめて検索するものだから。とにかく一番強く頭に残っているブランドが有利なのです。

たとえ想起されなくても、認知まで獲得できていれば、リスティング広告のクリック率アップには貢献できます。「自動車保険」「アルバイト」などと検索したあとにクリックするのは、やっぱり聞いたことのある会社になりますよね。とくにカテゴリーへの知識が少ない人ほど、知名度の高い会社を選びがちです。

② 信頼の強化

ダイレクト型のビジネスは、広告そのものが店舗という形態。リアルな店舗がないことは信頼感という意味では弱みになっています。そこで、工場やものづくりの姿勢を見せたり、産地訴求などを行い信頼感を高めることで、同時に行っているダイレクト広告のレスポンス率アップにつなげるという方法が有効。また、信頼感アップのために、有名タレントを起用することもよくあります。

③ 競合との差別化

とくにネットを主戦場とするｅコマースの場合、競合が増えれば増えるほど価格競争に陥るという悩みがあります。比較サイトなどで簡単に比べられるので、十分に差別化されてないと、安いほう安いほうへと需要が向かってしまうのは当然。そこで大切なのは、違いをきちんと理解してもらうこと。また、ユニークな検索ワードを持つことで、高単価のビッグワードを買わなくても検索されやすくなるという方法もあります。

一般的には、ダイレクト広告とブランド広告では表現をくっきり分けたほうがいいといわれます。というのも、そもそもの目的が違うため、混ぜてしまうと広告表現が中途半端になってしまうから。

ただそんな中でも、ダイレクト寄りのコミュニケーションをしつつも、成分・素材をベースにブランド構築に成功した、サントリーのセサミンや無添加化粧品のファンケルといった例があることも付け加えておきましょう。

ネットが主流となったダイレクト論　５つの魅力

ネット以前と以後で様相がガラリと変わっており、またほかの戦略論と少し毛色が違うことから、どうしてもわかりにくくなりがちなダイレクト論。まとめの前に、今やネットが主流となったダイレクトマーケティングの魅力を、あらためて押さえておきましょう。

① 投資と収益の可視化

ダイレクトマーケティングは、企業側からのアプローチにどれだけのお客さんがどう反応し動いているのかを可視化するところに面白みが、そして大変さがあるともいえるでしょう。精緻な効果測定が可能で、データを用いて効果を確認しながら、リアルタイムで運用改善していくことができる。ゆえに、それらをどう設計しマネジメントし、オペレーション体制を整えていくかが重要になります。

そして、投資と収益が可視化できるからこそ、ダイレクトマーケティングは経営そのものに直結する戦略論であり、逆に可視化できない部分（行動には表れない気持ちの変化など）は見ない、相手にしないという割り切った側面があるといえるでしょう。

②メディアの買い方の自由さ

テレビであれ屋外看板であれ、基本的には固定化された値段の広告枠を一定期間買うというのがマス広告。それに対して、ネット広告の場合は価格を入札で決めたり、購買に至ってはじめて支払いが発生したり、多彩なメニューがあって数千円からでも広告を出せるところが魅力です。

③ターゲティングの自由さ

ユーザー属性や興味関心、検索キーワード、また地域やデバイスなどよって、精度の高いターゲティングを「自由に」コントロールできます。

④ クリエイティブの複線化

ブランド広告では訴求メッセージをひとつに絞ることをよしとし、ターゲットをどうフォーカスするかに腐心しますが、究極一人ひとりに合わせることを目指しているダイレクトは、対象を絞る必要がありません。バナー広告、ディスプレイ広告、動画広告などをターゲットごとにクリエイティブを出し分けることができ、メディアもクリエイティブも複数を同時展開できることが魅力です。

⑤ PDCAのスピードの速さ

シリコンバレーの起業の手法を表す「リーンスタートアップ」という言葉があります。これは、コストをかけずに最低限の製品、サービスをつくってリリースし、顧客の反応を見ながら改善していくサイクルをくり返すやり方。ダイレクトマーケティングにも、まさにこのリーンスタートアップに似た思想があります。

マス広告の場合、出稿した広告にどのような効果があったかは、あくまで結果として受け止めるもの。しかしデジタル広告、中でも運用型広告はスモールスタートで出稿し成果を分析して改善し、短いスパンで施策をくり返し、その効果を高めていくことができます。

まとめ

・ダイレクト論とは、「反応」の喚起が人を動かすという考え方。
・お客さんの反応を獲得しながら関係を深め、ＬＴＶ（顧客生涯価値）を高めることを目指す。
・ネットの運用型広告はダイレクト論がベース。
・顧客獲得（アクイジション）と顧客維持（リテンション）の２つのフェーズに分かれる。
・顧客獲得フェーズは、ネットの運用型広告が中心となっている。
・顧客維持フェーズはＩＴの進化とともにＣＲＭとして大きく発展した。
・顧客獲得と顧客維持がデータでつながり、広告のＣＲＭ化へ向かう。

強み

・顕在顧客獲得に強く、売上に直結する。
・即効性がある。
・投資対効果が可視化できる。
・精緻なターゲティングができる。
・複数の広告展開を同時に行える。
・PDCAを速く回せる。

弱み

・潜在客へのアプローチは不得手。お客さんを一定以上増やすことが課題。
・ネットの運用型広告は、テクノロジーに頼りすぎて人の気持ちを動かす視点が弱いという批判あり。
・効率を求めすぎるあまり短期的な視点に陥りやすい。
・比較が容易なネット上では、差別化が十分でないと価格競争になりやすい。

・記憶にアプローチしないので、価値づくり、ブランドづくりが難しい。
・一部の執拗に接触させる手法は、嫌悪も醸成してしまうリスクがある。

＊1　Ad Age「Agency Report 2015」

Integrated

IMC論

「接点」の統合が、人を動かす。

第5章　IMC論

ＩＭＣとは、統合マーケティングコミュニケーション（Integrated Marketing Communications）のこと。お客さんとの接点において、メッセージとメディアを複合的に用いるアプローチで、「接点」の統合が人を動かすという戦略論です。最近では「タッチポイントプランニング」なんて言い方もされますよね。

この言葉が、日本で本格的に使われ出したのは、ＩＭＣの父、ドン・シュルツの著作『ドン・シュルツの統合マーケティング』（ダイヤモンド社）が出版された２００５年前後のこと。もちろん広告業界において「統合」についての議論はそれ以前からありましたし、ＩＭＣという言葉自体は１９９０年代には存在していました。

ただ、２０００年代以降の「統合」と、それ以前の「統合」とは少し意味が違います。そこに注目しながら、歴史を見ていきましょう。

歴史

メディアを組み合わせる「面」の統合という視点

日本において、1970~80年代から使われてきた「統合」マーケティングコミュニケーションの考え方は、一言でいえば「メディアミックス」。つまり、複数の異なるメディアを組み合わせる広告戦略のことでした。

同一のメッセージやビジュアルを使用して、テレビ、ラジオ、新聞、雑誌の四媒体を中心に、それぞれのメディアの長所、短所を補いながらリーチを広げ、短期間で認知を拡大させて購買に結びつけていくこと。あるいはムーブメントをつくっていくことを意味していたわけです。

1990年代半ばのインターネットの登場以降は、進化形として「クロスメディア」という言葉も登場します。ただ、この言葉、実はいまひとつ定義が定まっていません。さまざまな媒体を使用しつつ、媒体ごとに表現も変更しながら購入に導く仕掛けという解釈もあれば、あくまでネットを中心に据えた立体的なキャンペーンを組み立てることという解

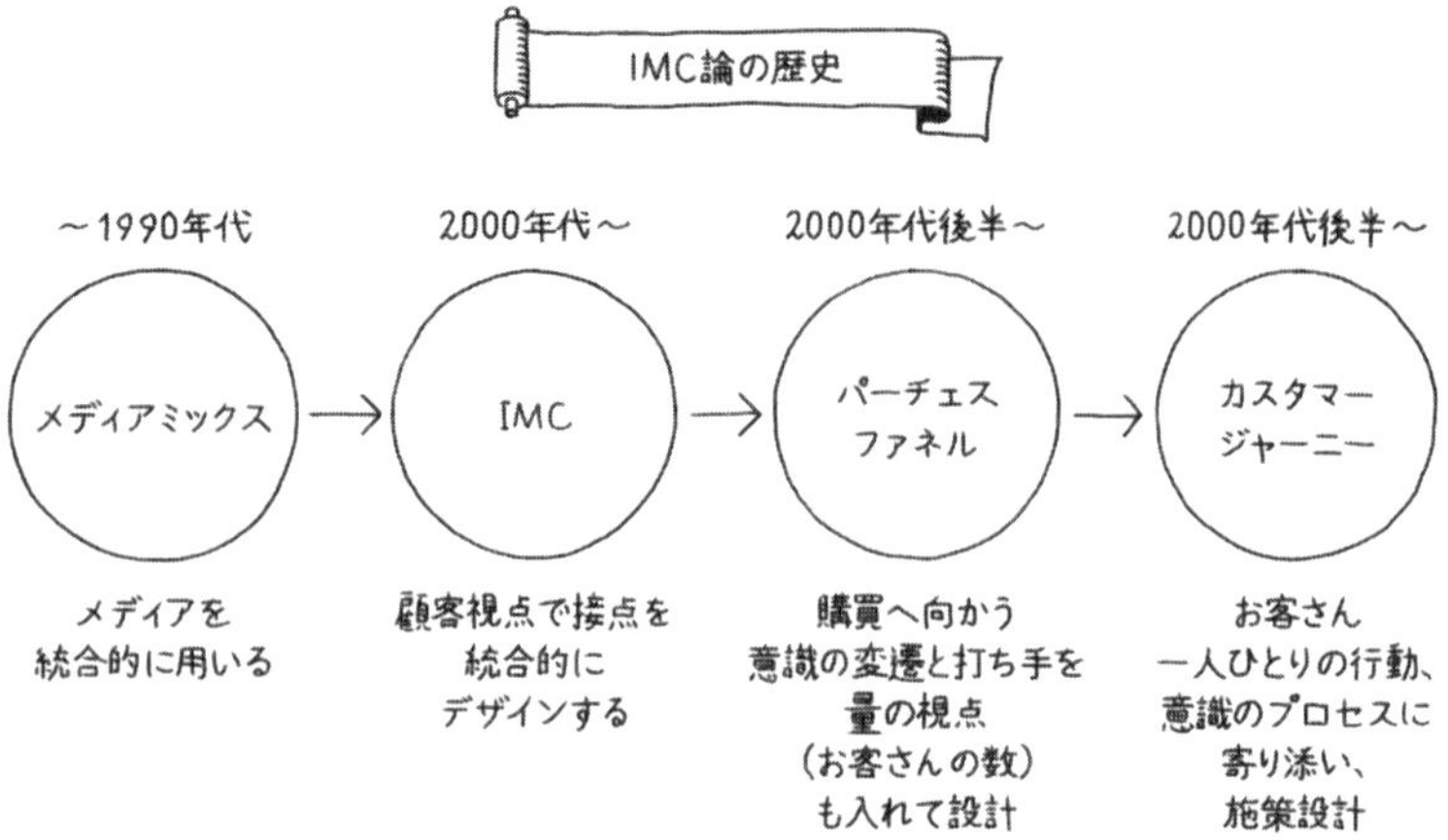

釈も。いずれにしても「メディア」を組み合わせる「面」の統合という意味合いが強いでしょう。

ちなみに、この「メディアミックス」や「クロスメディア」は、広告業界の言葉でありつつも、エンターテインメント業界の言葉でもありました。そう、映画やアニメといったコンテンツを複数メディアで展開し相乗効果を生むことを指して使われることが多かったのです。

最初の例といわれているのは、１９７３年に光文社が発行した小松左京の『日本沈没』。この作品を東宝が映画化し、ＴＢＳがドラマ化することで相乗効果を狙ったケースがあげられます。

同じく70年代、角川書店が自社の発行する小説を映画化して話題をつくり、原作を売り込む手法はメディアミックスの成功例として、また最近では、ゲーム、アニメ、漫画、玩具などを同時に展開した「ポケモン」や「妖怪ウォッチ」が、クロスメディアの成功例として、よく語られますよね。

さて、1990年代までの統合は、媒体特性を生かしながらも、基本は「単一メッセージ」を複数の「メディア」に乗せるというやり方でした。アメリカでIMCという言葉が使われ出した当初も、これと同じ考え方。1989年、米国広告業協会（AAAA）が発表したIMCの最初の定義は、次のようなものでした。

"an approach to achieving the objectives of a marketing campaign through a well coordinated use of different promotional methods that are intended to reinforce each other."

「マーケティングキャンペーンの目的を達成するためのアプローチであり、強みや弱みを補い合うために、異なるプロモーション手法をうまく組み合わせたものである」

名前はＩＭＣでも、やっぱり中身はメディアミックス、クロスメディアと同じであることがわかるでしょう。

シュルツのＩＭＣ論が提唱した新たな４つの視点とは

しかし１９９８年にノースウェスタン大学のシュルツ教授らはＩＭＣを以下のように定義し、「統合」は新しいフェーズに突入します。

> "IMC is a strategic business process used to plan, develop, execute, and evaluate coordinated, measurable, persuasive brand communication programs over time with consumers, customers, prospects, and other targeted, relevant external and internal

audiences.”＊1

「IMCはブランドコミュニケーションプログラムを時系列で計画、開発、実施、評価するための戦略的なビジネスプロセスである。それはうまく組み合わされ、測定可能であり、説得力のあるものでなければならない。また消費者、顧客、潜在顧客や社内外の関係者とともにつくられるものである」

この定義は、それまでにはなかった4つの視点を含んでいました。

① 送り手主導から、受け手主導へ

生活者・お客さんを中心に位置づけることがポイント。メディアを重ね合わせて、商品、サービスをより広くパワフルに浸透させる「送り手主導」の考え方ではなく、生活者・お客さんこそが中心にあるべきだという「受け手主導」の統合へと進化を促しました。

②単発のプロモーションから、反復可能なプロセスへ

シュルツは「マーケターは、単発の販促プログラムはもちろん、従来の年間マーケティングプランからも脱却し、反復可能なプログラムへ移行しなければならない」と述べ、長期的な価値構築に向け、改善を続けることが大切だと主張しました。

③顧客接点のすべてが、ブランド

できるだけコスト効率よく、できるだけ多くの人にメッセージを伝える広告メディア戦略ありきの捉え方ではなく、そもそも顧客とブランドが接触するあらゆる接点が重要だという視点です。ちなみにその接点を、電通では「コンタクトポイント」、博報堂では「タッチポイント」、アサツー ディ・ケイでは「EXポイント（体験ポイント）」、東急エージェンシーでは「リレーションポイント」と呼んでいます。

④広告戦術の「統合」から、ビジネスプロセスの「統合」へ

従来のマーケティングにおいて、コミュニケーションは4P（Product＝製品／Price＝価格／Place＝流通／Promotion＝広告）のひとつ、Promotionの中で扱われていました。

タッチポイント

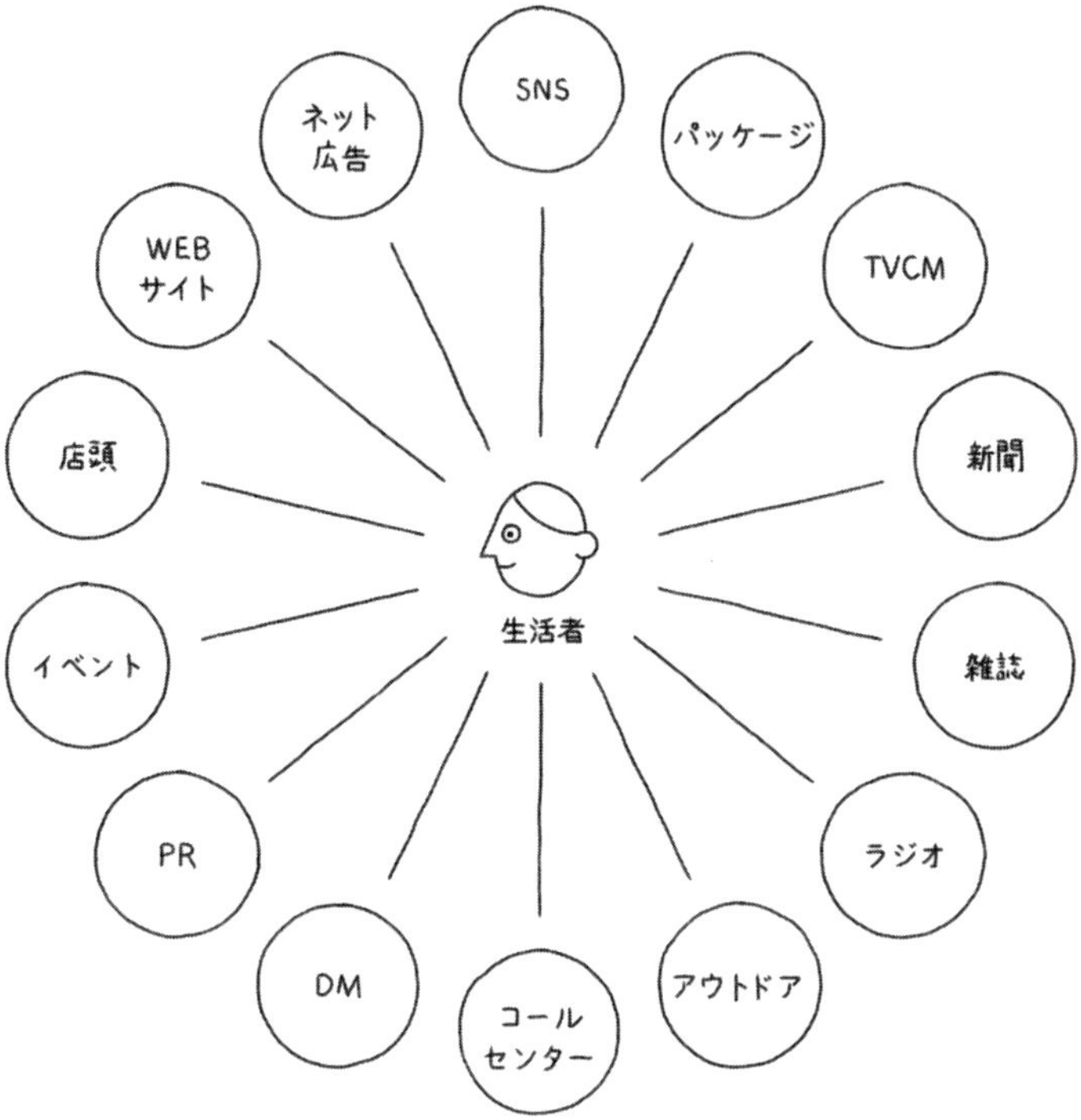
SNS
パッケージ
TVCM
新聞
雑誌
ラジオ
アウトドア
コール
センター
DM
PR
イベント
店頭
WEB
サイト
ネット
広告
生活者

シュルツが主張したのは、製品戦略、価格戦略、流通戦略も含めたプロセス全体をコミュニケーション視点で統合的に設計すべきという考え方です。

これは「組織上の統合」にまでおよぶ話。研究所があって、商品開発部があって、事業部があって、営業部があって、宣伝部があって……とバケツリレーのように仕事が運ばれた先にコミュニケーションがあるのではなく、組織をまたいでコミュニケーション視点でビジネスプロセスを統合しなければならないとしたのです。

メディアニュートラルで進む、組織やプランニングの再編成

2000年代、顧客主導の意識がより高まる中で、「メディアを固定的に捉えず、最適なコミュニケーションをつくろう」という考え方が広がりました。これが「メディアニュートラル」、あるいは「TTL（Through the line）」というアプローチです。

メディアニュートラルとは、テレビや雑誌など、メディアありきで広告を考えるのでは

なくニュートラル（中立でフラット）に、マーケティングの目的に合わせて、もっとも有効なメディアや組み合わせを考えようというアプローチのこと。

またTTLは、ATL（Above the line＝テレビ・新聞・ラジオ・雑誌、マス四媒体を使った広告）やBTL（Below the line＝イベント・ダイレクトメール・店頭POPなどを介した広告）といった区分けにとらわれず、中立的な視点で行うマーケティング・コミュニケーションのことを指します。

とくにアメリカの広告業界は、伝統的にATLとBTLを分けて考える傾向が強く、ATL中心のクリエイティブエージェンシーとBTL中心のプロモーションエージェンシーというように、エージェンシーサイドも機能分化されていました。

垣根をはずしてニュートラルにプランニングする、そのアプローチ自体が新鮮だったわけです。このタイミングで、アメリカではエージェンシー間の買収・合併が進み、ワンストップで解決策を提供できるように機能統合する流れが加速します。

一方、日本では総合代理店がフルラインの機能を持ち、以前からオールタッチポイントの広範な業務を引き受ける「能力」はあったのですが、実際には部門ごとに専門化されすぎてタコツボ化していた側面も。やはり、この時期に「顧客中心の統合」に向けて、組織やプランニングプロセスを再編成する機運が生まれたのです。

「時間軸」の概念を加えたパーチェスファネル論の登場

2000年代後半になると、「パーチェスファネル」という接点統合の概念が登場します。これは、お客さんが最初に商品を認知したときから、購買に至るまでの意識の変遷とお客さんの人数を「ファネル＝漏斗《ろうと》」の形で表現した統合モデル。

たとえば左の図のように、認知（Awareness）→興味関心（Interest）→比較検討（Comparison）→購入（Purchase）へと進んでいきます。プロセスを経るごとに脱落して、お客さんの数が減っていくのがわかりますよね。

パーチェスファネル論は、言葉こそ新しいものの、考え方としてはAIDMAに代表される購買決定プロセス論の流れを汲んでいるため、再注目されたといったほうが正しいかもしれません。

パーチェスファネルの例

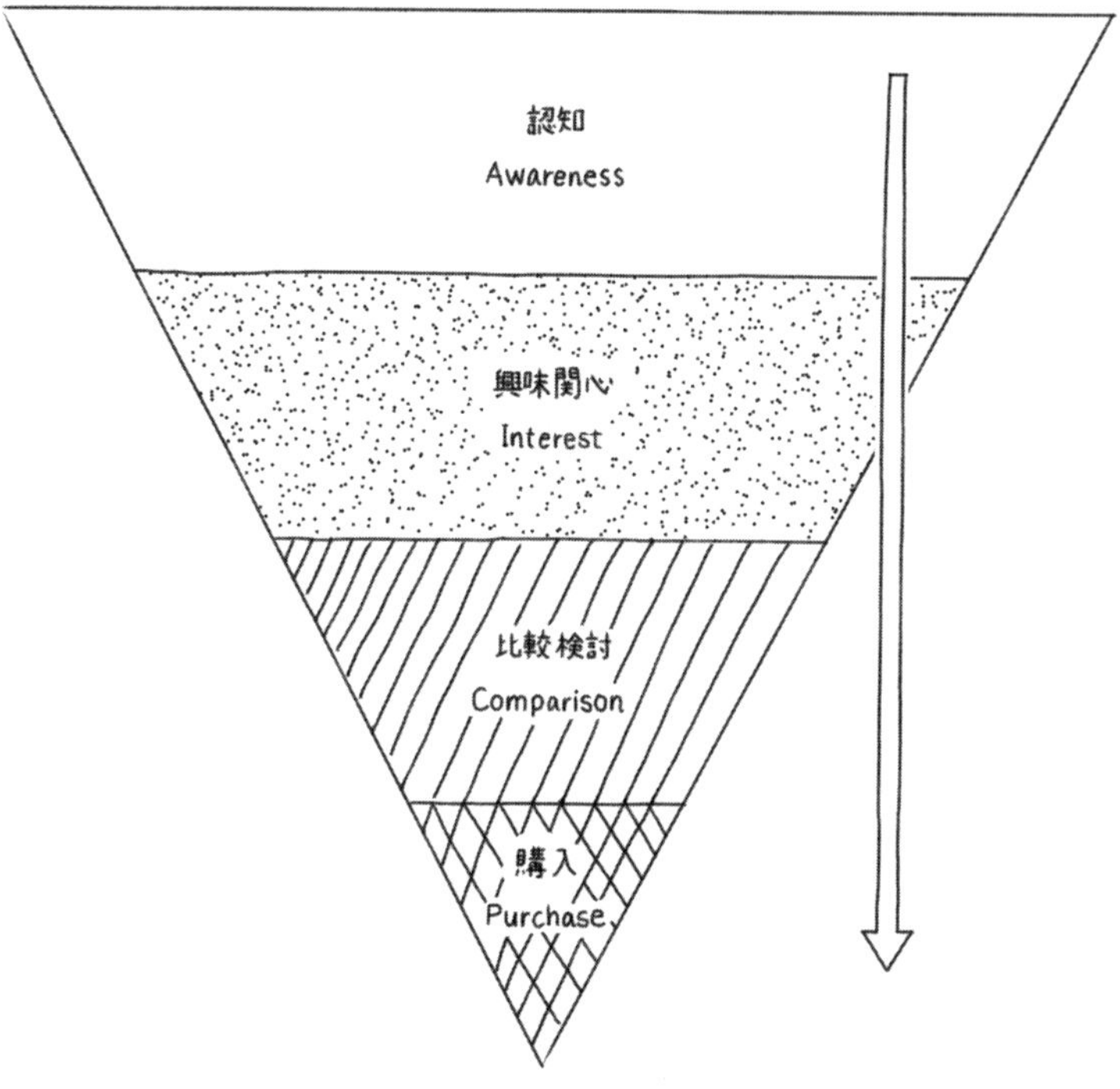

その大きな特徴は、購買に至るまでのステップ＝時間軸という視点が加わっていること。消費財か耐久財か、さらに購買プロセスが長いか短いか、理性的に買われるか情緒的に買われるかによって、ステップは異なります。

現在のメディアプランニングでは、これを用いて、○人の顧客獲得のためには、○人の購入意向者が必要、そのためには興味層が○人、認知は○人……と考えていくことも少なくありません。目的達成のためにはそれぞれの段階で、どんなメディアを活用するのが最適で、どんなメッセージが効くといったように、ゴールから逆算するプランニングもされています。

パーチェスファネルは、接点ごとに最適なメッセージを「分担」する統合モデルで、認知を獲得する際に伝えるべきことと、比較検討プロセスに入ったときに伝えるべきこと、最後の購買決定をするときに伝えるべきことは違うという考え方。いかに歩留まりを上げながら、ファネルを前進させるかを考えるのです。

さて、こうした購買決定プロセス論にはいろいろなモデルがありますので、ここで主なものを確認しておきましょう。

さまざまな購買決定プロセス論　その変遷と進化

もっとも古い購買決定プロセスモデルは、アメリカの広告唱道者、セント・エルモ・ルイスが1898年に発表した「AIDA（アイーダ）」。それに続いて生まれたのが、1920年代に、同じくアメリカで販売、広告の実務書を書いていたサミュエル・ローランド・ホールが提唱した、日本でも有名な「AIDMA（アイドマ）」モデルです。

AIDA（1898年）

Attention（認知）→Interest（興味）→Desire（欲求）→Action（行動）

AIDMA（1920年代）

Attention（認知）→Interest（興味）→Desire（欲求）→Memory（記憶）→Action（行動）

AIDAとAIDMAの違いは、Memory（記憶）があるかどうか。ダイレクト論はA

ＩＤＡをベースとし、マス広告を中心としたブランド論はＡＩＤＭＡをベースにしているのは、ここまでも述べたとおり。

また、日本ではあまり有名ではありませんが、広告の歴史として押さえておきたいのは「ＤＡＧＭＡＲ（ダグマー）」。１９６１年、全米広告主協会の依頼を受けたラッセル・コーリーが発表したもので、そのとき発行した書籍のタイトル『Defining Advertising Goals for Measured Advertising Results』の頭文字を取って、こう呼ばれています。

売上高のような最終目標だけでなく、途中の段階における目標を設定し、その達成度で広告を管理すべきである、というこのモデル。左記の頭文字をとって「ＡＣＣＡ」とも呼ばれています。

DAGMAR（ACCA）（1961年）
Awareness（認知）→Comprehension（理解）→Conviction（確信）→Action（行動）

さて、ここまではマス広告全盛の時代につくられたモデル。ここから時代は少し飛んで、２０００年代に入ると、ネット情報時代の購買行動を表すモデルが登場します。電通

が２００４年に提唱した「ＡＩＳＡＳ（アイサス）」です。

ＡＩＳＡＳ（２００４年）

Attention（注意）→Interest（関心）→Search（検索）→Action（購買）→Share（情報共有）

ＡＩＤＭＡから、Desire（欲望）とMemory（記憶）がなくなり、３番目のプロセスとして「Search（検索）」が、Action（購買）後のプロセスとして「Share（共有）」が追加されています。

Searchは、製品やサービスに関心を持った消費者が購入前に検索するプロセス。またShareは、ブログやＳＮＳ、クチコミサイトなどで、製品やサービスの感想を共有するプロセス。みなさんも、きっとふだんから自然にやっている行動でしょう。

続いて２０１１年には、同じく電通が、さらにＳＮＳ時代の購買行動をモデル化した「ＳＩＰＳ（シップス）」を発表します。

SIPS(2011年)

Sympathize(共感)→Identify(確認)→Participate(参加)→Share and Spread(共有&拡散)

行動のきっかけになるのは「共感（Sympathize）」。ソーシャルメディア上で友人・知人がレコメンドした情報に触れ、その商品や企業、あるいは情報を発している人に対する共感が、購買プロセスの入り口になるのです。

そして、ネット検索などで、本当にいい商品なのか、自分に合っているのかを「確認（Identify）」したあとは「参加（Participate）」のプロセスに移ります。この参加とは、「リツイート」や「いいね！」といった軽いおすすめレベルから、その商品や企業を応援するファンレベルまでさまざま。

最終的には、情報を「共有（Share）」し、ほかの人たちに「拡散（Spread）」する、最後のS（Share and Spread）に進んでいくというわけ。

ソーシャルメディア上の購買行動では、たとえ自分がその商品を買わなくても、自分のフォロワーやフレンドに「この商品が気になっている」と薦めることができます。それらを全部ひっくるめて「参加」と捉えるべきだというのが、ＳＩＰＳの考え方なのです。

ＫＰＩには、メリットもあればデメリットもある

さて、話を戻しましょう。パーチェスファネルは各フェーズの人数を量的に測り、歩留まりを上げることを目指すモデルですから、効果測定が重要になります。

その効果を測るために導入されたのが、ＫＧＩ（Key Goal Indicator）やＫＰＩ（Key Performance Indicator）。どちらも、目標達成に向かう中間での達成度を量的なパフォーマンスで測る指標です。

ＫＧＩ（重要目標達成指標）：売上、利益率、成約件数など、目標（ゴール）に対する達成度合いを定量的に表すもの。

ＫＰＩ（重要業績評価指標）：ＫＧＩで設定された目標達成プロセスの実施状況を計測

―するために、実行の度合い（パフォーマンス）を定量的に示す中間指標。

簡単にいえば、KGIの達成に向かって、プロセスが適切に実行されているかどうかを計測するのがKPIとなります。

そもそも、これらは経営戦略のツールであるバランススコアカード（Balanced Scorecard＝BSC）＊2から生まれた概念であり、経営管理の視点でつくられたもの。それがウェブコミュニケーションの世界に導入され、その後、マス広告を含む広範なコミュニケーション活動の評価として使われるようになりました。

ネット広告で活用される、主なKPI指標をあげておきましょう。

表示系：PV（ページビュー＝サイトの閲覧回数）、インプレッション（広告の露出回数）

ユーザー系：UU（ユニークユーザー＝サイトを訪れた人数）

誘導系：CTR（クリック率）、CPC（クリック1回あたりのコスト）

レスポンス系：CV（コンバージョン）数（会員登録数／資料請求数／商品購入数な

ど）、ＣＶＲ（コンバージョン率）、ＣＰＡ（顧客獲得単価）

ＫＰＩという概念自体はとても役に立ちますが、実際の運用の仕方を見ると、個人的にはいい点と悪い点があると感じます。

まずいい点は、広告の中間成果を定量的に可視化し、改善に結びつけられること。どこがよくてどこが悪いかがわかるので、次のアクションを考えやすいわけです。

一方で悪い点、１つ目は測定しやすいもので評価してしまう傾向があること。ダイレクト型のネット広告はそもそも「反応」の喚起を目的としているので数値化が可能ですが、「ソーシャルメディア」や「オウンドメディア」でのネット施策は、お客さんとの中長期的な関係性を構築するもの。成果となる生活者との絆やマインドシェアといったものは、数値化することが難しいのです。

またブランド論を中心とするマス広告は、頭の中の「記憶」や「好意」の形成が目的で、こちらもまた厳密な数値化は難しい。もちろん定量調査などによって、どのくらい態度変容効果があったか、どんなイメージが残っているかは調べられますが、行動データほど完全ではありませんよね。

いくらコミュニケーション戦略の目的が人を動かすことだといっても、定量的に計測できないものはまったく評価しないというのでは、コミュニケーションの本質を見失ってしまいます。

2つ目の悪い点は、手段の目的化が起こること。最終的な「目標」が明確になっておらず、最終目的とKGIとKPIがしっかりつながっていないと、本来中間指標にすぎないKPIが目的化してしまいがちなのです。

たとえば、ある商品を売りたいと思ったときに、KGIを販売数、KPIを資料請求数を目標としたCPA（顧客獲得単価）に設定したとします。このとき、単価の安い検索キーワードでリスティング広告を打つことで、いくらたくさんの資料請求を獲得できたとしても、集まったお客さんが商品と適合しておらず、販売にまったく結びつかなかったら意味がありませんよね。

CPAだけを重視していると、直接的な獲得効果の薄い認知系の広告は、どうしても評価が低くなってしまいます。とはいえ、アフィリエイトやリスティング広告など「効率のいい刈り取り」だけに集中してしまうと、狭いユーザーのパイを奪い合い続ける「焼き畑農業」的なマーケティングに陥ってしまうでしょう。

顧客満足は、わずか数秒の「真実の瞬間」に左右される

こうしたＫＰＩ設定の問題点とは別に、パーチェスファネルの考え方には不十分なところがありました。接点をつなぎ合わせてファネルを前進させることを目指すあまり、それぞれの接点に軽重をつけずに進めてしまったり、どんなインパクトのある体験をさせるか深掘りする志向が足りなかったり。

そんな状況にインパクトを与えたのが「真実の瞬間」というコンセプトです。

この言葉をはじめて使ったのは、１９８１年にスカンジナビア航空のＣＥＯに就任し、同社の経営を立て直したヤン・カールソンでした。

航空機を利用するお客さんは、フライト中ずっと消費体験をしているのではなく、顧客満足を左右するのは直接スタッフと向き合っている15秒に集約される。つまり、真実の瞬間はこのたった15秒間にあり、そこでいかに顧客満足を高められるかが大切だというのです。カールソンは、15秒の間に最善の顧客サービスを実現できるように、現場への大胆な権限移譲を行ったといいます。

また2004年には、P&GのCEO、アラン・ラフリーが顧客満足度を高めるための、2つの「真実の瞬間」を提唱しました。

第1の真実の瞬間「FMOT（First Moment of Truth）」は、店頭で商品を購入してもらう瞬間で、わずか3～7秒だといわれています。そして、第2の真実の瞬間「SMOT（Second Moment of Truth）」は、消費者が実際に商品を使う瞬間。この2つの「真実の瞬間」の改善に取り組んだことで、同社は大きな成果を生み出したそう。

さらにGoogleは2011年に、ラフリーの提唱した「第1の瞬間」「第2の瞬間」を継承した、第ゼロの瞬間「ZMOT（Zero Moment of Truth）」を発表しました。それは、購入前にネットで情報収集している瞬間。今や多くの人が店舗来訪前にネットをチェックして購買行動を決定しているのですから、プレストアのネット接点を大切にすべきという考え方です。

このように購買行動や顧客満足を左右するのは、実は全体のほんの一瞬。その瞬間にどうお客さんと接するかが大切だという議論を、この「真実の瞬間」が投げかけたのです。

個人の行動の変遷に寄り添う「カスタマージャーニー論」へ

パーチェスファネル論には、さらにもうひとつ課題がありました。そもそも、一人ひとり違うお客さんの購買プロセスを、一律に単線の購買行動モデルに押し込めることには無理があったのです。

そこで2000年代後半には「カスタマージャーニー」というモデルが登場します。お客さんがブランドとどのように接点を持ち、どんな経験をするか。一人ひとりの行動、思考、意識のプロセスを「旅」にたとえた概念です。

使われるのは、購買プロセスの途中にあるタッチポイントでどのような体験をし、どのような心理的変化を起こすのかを可視化するマップ。これは、デザインの現場で「ユーザーエクスペリエンスジャーニーマップ（UXマップ）」や「カスタマージャーニーマップ」と呼ばれ活用されていたもので、ファネルのような「量」の捉え方では見落とされがちな、一人ひとりの購買プロセスをリアルに描ける利点がありました。

2009年に、マッキンゼー・アンド・カンパニーが発表した「The Consumer

マッキンゼーのカスタマーディシジョンジャーニー

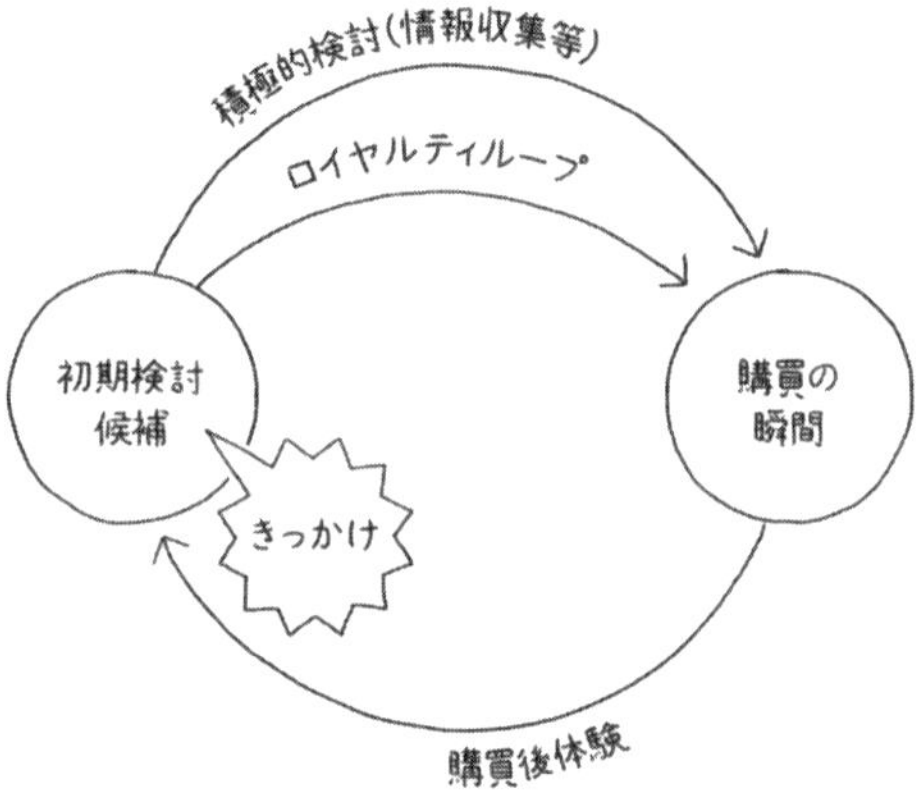

Decision Journey（ＣＤＪ）」はこれまでの一方通行／先細り型のモデルを大きく否定するループ型のモデル。消費者間での情報交換が増えた結果、購買プロセスが一方通行でもないし、単なる〝漏斗〟でもなくなってきていることを示しています。

さらに最近では、店舗で購入検討中にスマートフォンで商品情報を調べたり、実店舗をショールーム代わりにして現物を確認したあと、帰宅してからインターネットで最安値の店を探して購買する「ショールーミング」という行動もありますね。

スマートフォンを前提にすれば、認知から購買に至るプロセスは極端に短く、モバイル上ですべてが完結するなど、さまざまなジャーニーがあります。カスタマージャーニーマップをつくるときは、そこまで意識しなければなりません。

さて、カスタマージャーニーマップのつくり方は大きく2つに分かれます。ひとつはプランナーが頭の中でストーリーを考え構築していく定性的なつくり方。もうひとつはユーザーの行動データから複数のジャーニーを導き出す定量的なつくり方。それぞれ順番に見ていきましょう。

ターゲットに響くカスタマージャーニーのつくり方

まずは、定性的なカスタマージャーニーマップのつくり方について。お客さんと商品とのすべての接点を時系列に見通して、最初の接点から始まる一連の体験ストーリー（接点、心理、態度変容など）を描いていきます。

定性的なカスタマージャーニーマップの場合、一人ひとりに合わせて複線化したモデルをつくるわけではなく、そのブランドやキャンペーンのための最大公約数的なモデルをひとつ設定することになります。

新しいスマートフォン端末の発売を事例に、まずはカスタマージャーニーの「現状把握」をしていきましょう。

ステップ1：ターゲット像の明確化

想定する理想ターゲット像（ペルソナとも呼びます）を明確にするため、プロファイルや商品への理解度や態度などを整理します。ここではターゲットを、仮に「ITフォロワー層の30代男性社会人」としてみました。

ステップ2：ジャーニーステップの設定

ターゲットがどのようなプロセスで、商品購入にたどり着くかを明確にします。どう出会い、理解し、関係を深め、購入に至るかの道のりです。これまであげてきた、AIDMA、AISAS、SIPSは、その典型的なモデル。ここでは〈認知→情報収集→比較検討→購入→シェア〉としました。

スマホ新商品導入のカスタマージャーニーマップの例
［現状把握］

ターゲット像

30代男性社会人。ITフォロワー層。
情報収集は
通勤時のスマホとテレビが中心

ステップ ➡	認知 →	情報収集 →	比較検討 →（購入）	シェア
行動 ➡	IT関係の情報は、スマホやテレビでなんとなく接触	ITに詳しい友人の後追いをする	ネットで軽く調べる、店頭で店員に聞く	買ったものなどはSNSに書くことがある
感情 ➡	流行りのものは気になる	面倒だから詳しい人に聞きたい	失敗したくないので売れているものを選びたい	友だちとの話題のネタになればいい
タッチポイント ➡	WEBニュース テレビ	友人、 会社同僚など SNS経由	店頭、店員 ネット検索	SNS
課題 ➡	ニュース化した情報でないと接触しない	雑誌、WEBで細かくは調べない	店中心なので来店させないと接点がもてない	SNS上で話題になっていれば自分も書き込む

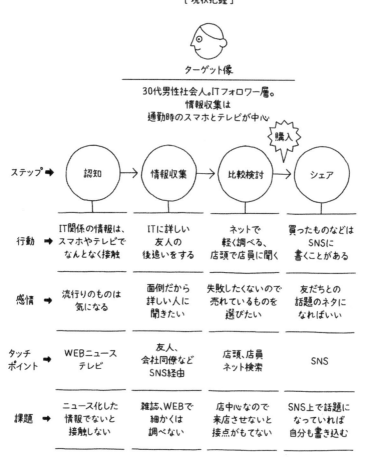

ステップ3：行動と感情の記述

各ステップにおいて、ターゲットはどんな行動をし、どんな感情になるかを記述します。

ステップ4：タッチポイントの設定

各ステップにおける、ターゲットと自社の商品・サービス、およびそれらの情報とのタッチポイント（接点）をリストアップします。ここに接点があるな、広告のチャンスがあるなと考えていくわけです。

ステップ5：課題の設定

それぞれのステップで、ターゲットにアプローチする際の課題をあげていきます。例では、ターゲットがITフォロワー層のため、認知ステップではニュース化された情報でなければ接触しないこと、情報収集ステップでは自ら進んで情報を集めないこと、比較検討ステップでは来店させないとそのステップに入らないこと、シェアステップでは自分で率先してレビューはせず、話題になっていれば書くくらいのマインドであることを、それぞれ課題としてあげました。

さて、実はここからが「タッチポイントプランニング」の真骨頂。書籍やネットなどで紹介されているカスタマージャーニーのつくり方の中には、ここまで作成したあと、タッチポイントごとに課題に対応したアプローチを企画するとしているものも多いでしょう。

しかし、僕はそれでは不十分だと感じています。というのも、現状のステップ（この事例では、認知↓情報収集↓比較検討↓購入↓シェア）をベースに、それに対応した個別企画をつくるのでは、本当の課題解決にはならないことが多いから。

お客さんと商品とのよりよき出会い方やつきあい方そのものを大きな視点で発想していくこと、つまりこれまでの購買プロセスを壊して、新しく生み出していくことを目指してもいいと思うのです。

たとえば、購買ステップを、Boil（期待感の最大化）→Surprise（発売の事件化）→Feel（感動体験）→Convince（機能への納得）→Buy（購入）→Share（二次話題化）と設定してみるのはどうでしょう。それに合わせて目的、パーセプションゴール、アクションカレンダーを重ねます。

まずBoilステップでは、情報リークや展示会でのサプライズ発表でニュースをつくり

スマホ新商品導入のカスタマージャーニーマップの例
[タッチポイント戦略]

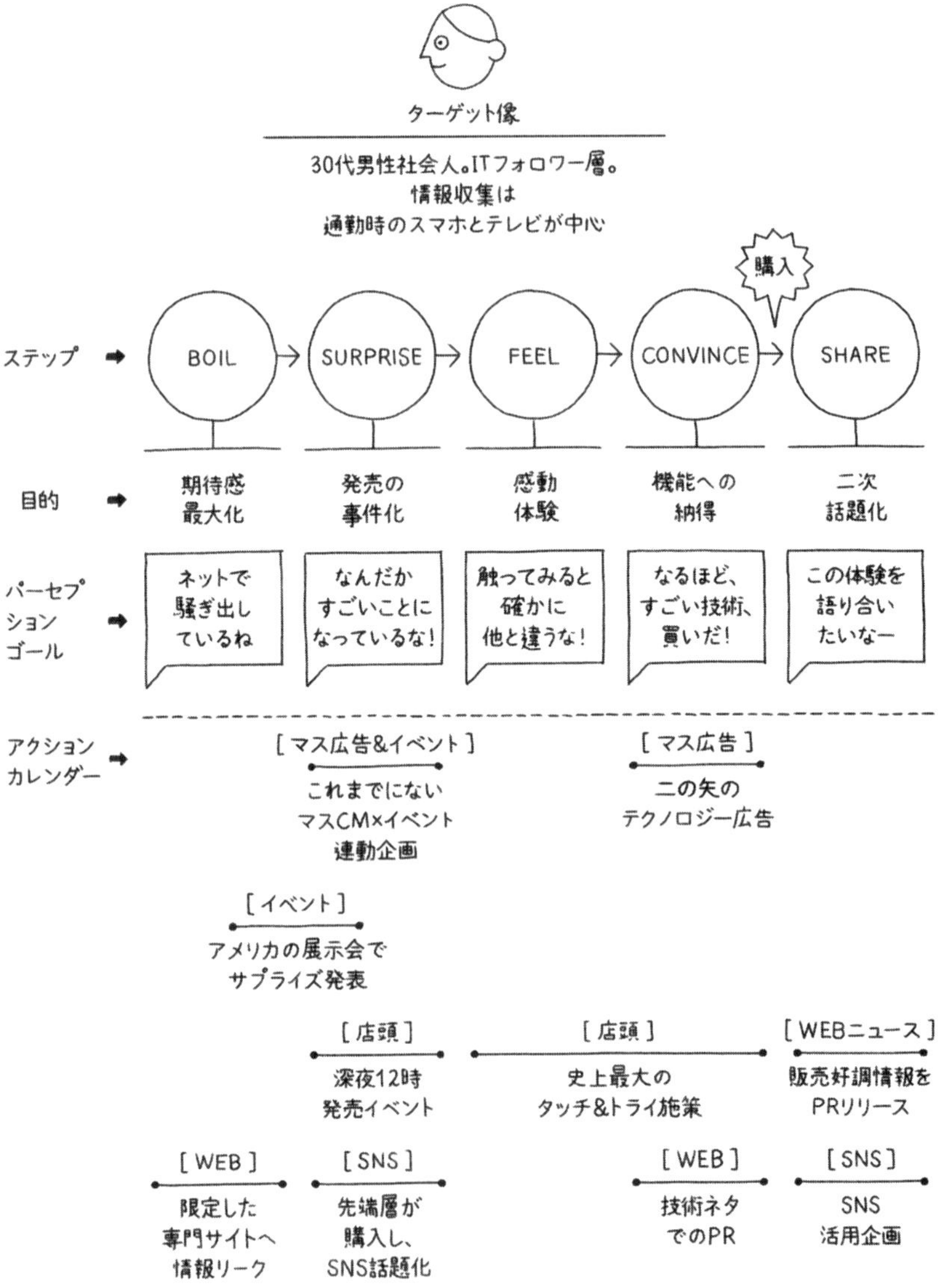

出し、ネット上で話題が広がるようにする。こうすれば、ちょっと気になる情報としてITフォロワー層のターゲットの目に触れさせられます。

Surpriseステップでは、発売を事件化するような店頭イベントや、ギミックのあるマス広告キャンペーンで盛り上げ、「なんかすごいことになっているなあ」と感じさせる。このタイミングで先端層はすでに購入するため、SNSなどに情報が出始めます。

その後、Feelステップでは店頭を中心に大規模な実機の体感トライアル施策を行い、Convinceステップでは、機能性を訴求する二の矢のCMを流しつつ、ウェブ上でも機能性を伝える広告、PR、タイアップなどを行います。

そうして店頭へと誘い、購買したあとのShareステップでは、フォロワー層でも書き込みたくなるような時流感、クチコミがさらに広がりやすいような環境をつくる……。

これが、タッチポイントを意識したマーケティングカレンダーの一例です。

データで語る、デジタル領域のカスタマージャーニー

一方、デジタル領域では、お客さんの行動データをベースにした定量的なカスタマージャーニーを複数設定していきます。

2010年代になると、ネット上の行動ログデータがデバイスを越えて計測できるようになったこと、また解析技術も進歩したことで、購入に至るまでの行動パターンがより詳細に把握できるようになりました。

たとえば、eコマースサイトで日本酒を購入したお客さんにレコメンドメールを出す場合、何百本もある日本酒のラインナップの中から、銘柄Aを買った日本酒歴の浅いお客さんに次にどの銘柄を勧めるか、銘柄Bを買った日本酒通のお客さんにはどの地方の銘柄が好まれそうか……。一人ひとりにあったカスタマージャーニーを設定し、それぞれに最適な一本を提案することができます。

定性的な仮説ではなく、データから浮き彫りになる、よりリアルなカスタマージャーニーマップを使うことで、コミュニケーションシナリオを最適化しながら、お客さんとの継続

的な関係を醸成していくアプローチが可能になったというわけ。

時間軸が「量の視点」だったパーチェスファネルに対して、「個の行動と意識の変遷」を組み込んだカスタマージャーニー。デジタル技術の進歩によって、顧客中心の統合はさらに加速していきました。

タッチポイントプランニングで気をつけたい4つのポイント

「統合」をめぐる戦略論の進化は、視点がメディアから顧客へ移り、時間軸が加わり、さらに個の行動と意識へと深掘りされ、今や戦略の中心的議題のひとつになっています。

IMC論の面白さは、複数ある接点を連携させられるところ、さらに、それぞれで訴求メッセージを効果的に変えられるところにあります。

最後に、僕がタッチポイントプランニングをするときに気をつけている4つのポイントに触れておきましょう。

①おつきあいをプロデュースする姿勢

タッチポイントプランニングは、たとえるなら「お見合いの仲介をする世話焼きおばさん」のような仕事だと思っています。今の時代、テレビCMを一度見ただけで、ブランドとお客さんが結ばれるなんてことはあまりありません。

最初はこんな自然な出会いで、2回目のデートはこんなドラマチックな展開で、というように、徐々に関係を深めていくもの。ありがちな購買モデルを超えて、真にブランドとお客さんがよい関係を結ぶカスタマージャーニーをどうプロデュースするか、それを考えていくべきです。

②感情の流れを統合すること

その際に重要なのが、感情の流れを想定すること。接点を見つけるだけにとどまっているケースも散見されますが、そこでどう心を動かすかをプランニングすべき。最初の出会いでは、どのような感情を喚起すればいいのか。まずは共感させるか？強引に驚かすべきか？信頼感をつくるか？メジャー感を与えるか？などなど。さらに次のステップでは、ドキドキさせようか？理性的な納得が必要か？あるいは体感させようか？といった感情の流れも同時に考えなければいけません。

③ 最初のワンツーをどう展開させるか

接点づくりを考える場合、とくに大切なのは最初の2ステップ。タッチポイントプランニングの後半は、結局のところ「使用体験」や「共有」といったステップになることが多いはず。だからこそ、難しいのは最初の出会いと2回目のデート。このワンツーパンチをどう展開させるかが悩みどころです。

④ 発想を小さくしないこと

接点が複数あって、それぞれメッセージが変えられるからこそ気をつけなければならないのは、それぞれに役割やメッセージを振り分ける発想になるな、ということ。

細かくてインパクトのない訴求なら、何度あててもダメなものはダメ。あえてすべてのタッチポイントを同一メッセージで貫いてお客さんの気持ちをわしづかみにしたり、「真実の瞬間」を見つけて一点集中でパワフルなアプローチをしてみたり。発想が小さくならないように注意しましょう。

まとめ

・IMCとは、「接点」の統合が、人を動かすと考える戦略論。
・複数の接点をつなぎ、接点ごとに最適なメッセージを出し分けることが大切。
・パーチェスファネルとは、お客さんが購買に至るまでの意識の変遷と人数を表したモデル。
・カスタマージャーニーは、お客さん一人ひとりがブランドと接点を持つなか、どう行動や意識が変遷するかを「旅」にたとえたもの。
・お客さんの感情の流れを意識し、よい関係を結ぶカスタマージャーニーをつくり出すことが重要。

強み

・複数接点、複数メッセージをつなげることでお客さんとの関係強化が可能。
・KPIなどの中間指標で効果が測れる。

弱み

・接点づくりに偏重して、そこで具体的に何を伝え、どう気持ちを動かすかの視点が弱いという批判あり。
・接点を細かく分けすぎることで発想や企画が小さくなりがち。
・KPIの運用次第で、数量化しやすいものに偏重したり、手段が目的化する危険性も。

＊1 ドン・シュルツとハイジ・シュルツによる論文「Transitioning marketing communication into the twenty-first century」（1998）におけるIMCの定義づけ
＊2 1992年にロバート・キャプラン（ハーバードビジネススクール教授）と、デビット・ノートン（コンサルティング会社社長）が、財務的指標中心だった業績管理手法の欠点を補う業績「評価」システムとして発表

Engagement

エンゲージメント論

「関与」が、人を動かす。

第6章　エンゲージメント論

「エンゲージメント」は今、マーケティングコミュニケーションを語るうえでもっともホットな分野といえるかもしれません。ただ、新しい戦略論であり少し難しい概念なので、立場によっていろいろな定義がなされています。

つながり
ブランドと顧客との関係、絆づくり
愛着
顧客の行動や反応、ブランド活動への参加などを通した相互関係の活動
SNSにおけるユーザーの反応(いいね！の数など)

もちろん「つながり」や「絆」である、といった解釈も間違いではありませんが、定義

としては少しあいまいすぎるように感じます。

単に心理的なつながりだけを示すのであれば、その昔は「レレバンシー（ブランドと顧客との関連性）」といった概念もありました。さらにここまでに登場した、ユーザーとの絆の深さを示す「ブランドロイヤルティ」（P75参照）とどこが違うの？とか、「インサイト」（P119参照）だって、ある意味では顧客との深層心理でのつながりを捉えた概念では？といった疑問も残ります。

ひとつ言えることは、エンゲージメントを考えるにあたって意識すべきなのは、マス広告全盛の時代ではなく、ネット上でインタラクティブなやりとりができる時代に生まれた概念だということ。定義としては、「エンゲージメントとは、お客さんが能動的に関与することで生まれる、心理的なつながりである」というのが一番正しいでしょう。

ポイントは能動的な「関与」。たとえばウェブ動画を再生する、リツイートするなど、ささいな形であっても、なんらかの能動的なアクションを伴った絆や関係性です。また、関係を結ぶ対象がユーザーであるか否かは問わないというのが、ヘビーユーザーを対象としたブランドロイヤルティとの違い。英語版のWikipediaでは、もう少し詳しい解説がされているので、参考までに載せておきますね。

"a marketing strategy that directly engages consumers and invites and encourages consumers to participate in the evolution of a brand. Rather than looking at consumers as passive receivers of messages, engagement marketers believe that consumers should be actively involved in the production and co-creation of marketing programs, developing a relationship with the brand."

「顧客と直接関わり、ブランドの活動、展開に参加するよう促すマーケティング戦略。消費者を、メッセージを受動的に受け取る人として捉えない。エンゲージメントマーケターは、消費者はマーケティングプログラムの共創やブランドとの関係づくりに積極的に関与すべきと考える」

エンゲージメントが注目された背景には、ネットによる飛躍的な情報量の増大によって、生活者が日々処理できないほど多くの情報にさらされている状況があります。もはや情報

エンゲージメントの構造

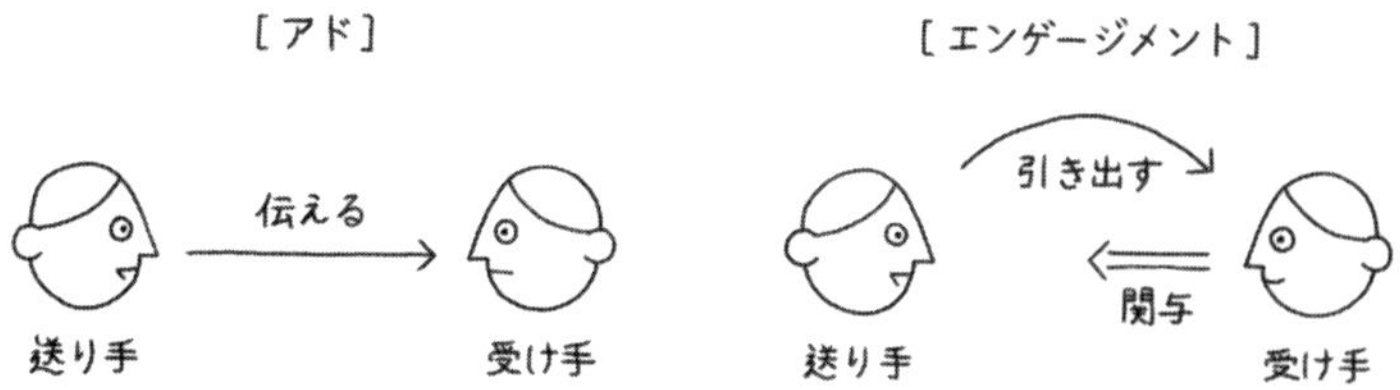

は、意識的・無意識的に「スルー＝無視」され、広告はますます生活に土足で踏み込んでくる「うざい情報」とすら思われるようになってしまった。そんな危機感もあったでしょう。

広告（アド）が送り手が情報を伝えて、受け手は受動的に見るものだとしたら、エンゲージメントは、コンテンツやプラットフォームの形で情報を届け、受け手による自発的な関与を引き出す手法。言いたいことをそのままメッセージする「広告」がスルーされてしまうのなら、受け手が自発的に興味を持つこと、行動を起こしたくなる形に変えて届けようじゃないか、ということです。

難しい概念ですが、これで少しクリアになったでしょうか？

歴史

エンゲージメントは雑誌メディアから誕生した

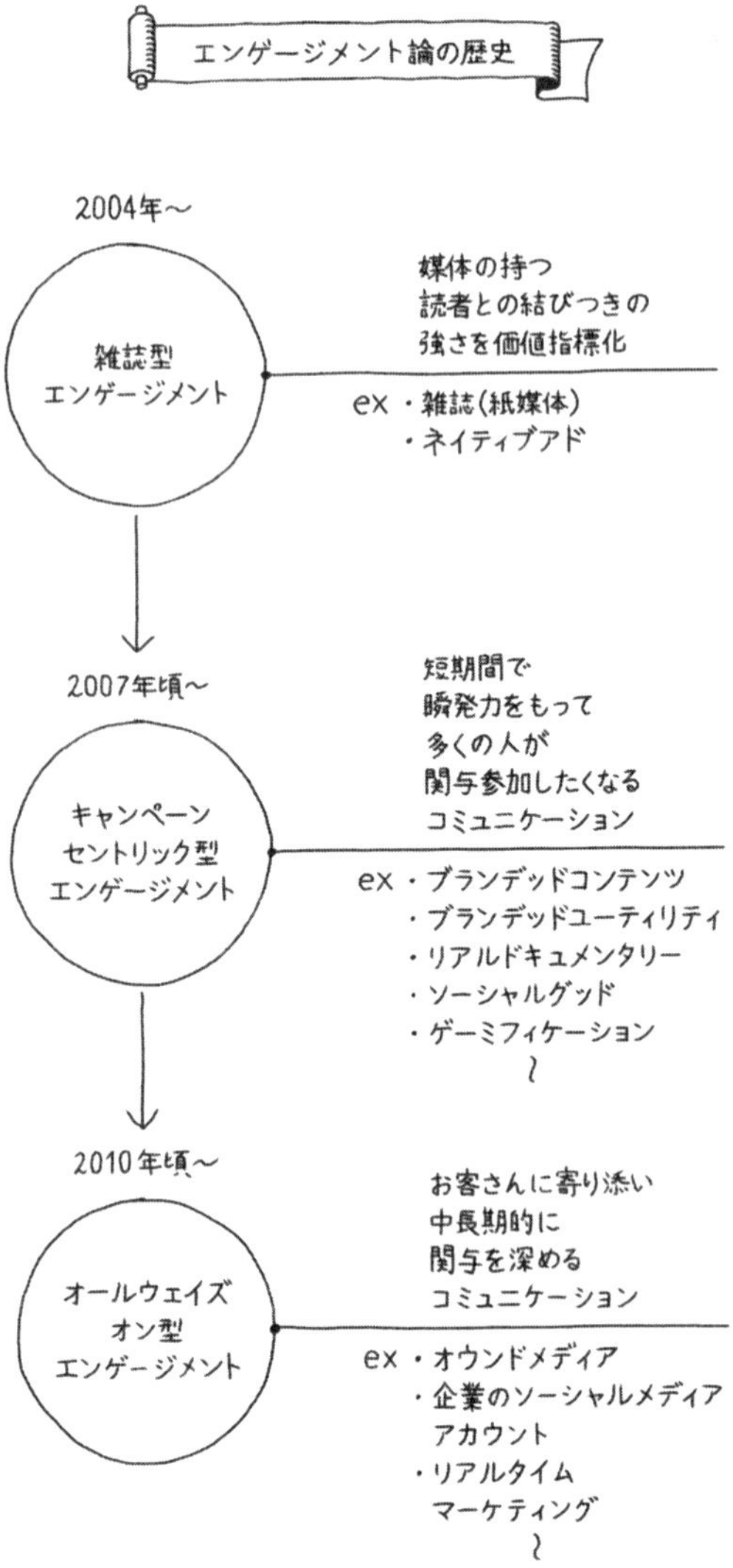
エンゲージメント論の歴史
2004年〜
雑誌型
エンゲージメント
媒体の持つ
読者との結びつきの
強さを価値指標化
ex ・雑誌(紙媒体)
・ネイティブアド
2007年頃〜
キャンペーン
セントリック型
エンゲージメント
短期間で
瞬発力をもって
多くの人が
関与参加したくなる
コミュニケーション
ex ・ブランデッドコンテンツ
・ブランデッドユーティリティ
・リアルドキュメンタリー
・ソーシャルグッド
・ゲーミフィケーション
〜
2010年頃〜
オールウェイズ
オン型
エンゲージメント
お客さんに寄り添い
中長期的に
関与を深める
コミュニケーション
ex ・オウンドメディア
・企業のソーシャルメディア
アカウント
・リアルタイム
マーケティング
〜

BMW「BMW Films」(2003年カンヌライオンズ受賞)

歴史をひも解けば、世界の広告業界に「エンゲージメント的なもの」が登場したのは、２００１年の「BMW Films」がはじまりといわれています。

ＢＭＷがマス広告の予算すべてを投下してつくられた8本のウェブショートムービーは、映画さながらの豪華さ。視聴者が観ずにはいられないエンターテインメントムービーをブランド発でつくる、いわゆる「ブランデッドエンターテインメント」という手法が生まれたのです。

カンヌライオンズ（カンヌ国際広告祭）でも、あまりに革新的だったためにどのカテゴリーでも評価できず、２００3年にはわざわざ新たに「チタニウム部門」がつくられたなんてエピソードがあるほど。

ただ、このときはまだ、業界内でも「エンゲージメント」という言葉は使われていませんでした。実はこの言葉自体、最初はデジタルのものではなく、雑誌メディアの価値を再定義する文脈から生まれたもの。

２００４年、アメリカ雑誌協会が広告接触の深さの指標として提示し、翌２００５年の米国広告業協会（ＡＡＡＡ）の基調講演や全米広告調査協会（ＡＲＦ）の広告効果指標として広まったとされています。

当時の定義は次のようなものでした。

> “Engagement is turning on a prospect to a brand idea enhanced by the surrounding context.”
> 「エンゲージメントとは、取り巻く文脈を活用してブランドアイデアを強め、潜在顧客を振り向かせること」

たとえば『VOGUE』のように、雑誌そのものに強い愛着を感じるファンがついている場合、そこに掲載されている広告には、媒体に対して持っている信頼、好意、尊敬などが乗り移り、読者の関心をブランドに引き寄せることができる。その価値を「指標化」しようよ、ということ。

背景としては、テレビやネットに押された雑誌メディアが、リーチ（広告の到達人数の多さ）やフリクエンシー（接触頻度）ではなく、読者との結びつきの強さや信頼感を価値としてアピールするためにエンゲージメントを導入した、という事情があったわけです。

ちなみに最近、ネット広告の世界ではネイティブアドが注目されていますよね。広告をウェブサイトやアプリのデザインや内容に溶け込ませることで、ユーザーにコンテンツの一部として違和感なく見てもらう広告手法で、インフィード広告もこの一種です。

これも実は、雑誌のアドバトリアル（タイアップ広告）と同様、メディアへの信頼を広告に乗り移らせるもので、まさに雑誌型エンゲージメントの考え方といえるでしょう。

短期的に効果を求める「キャンペーンセントリック型」5つの手法

しかし、エンゲージメントは次第にデジタル領域の用語へ、また指標ではなく戦略「手法」を表す言葉へと変化していきます。まだ発展途上の戦略論であるエンゲージメントは、時間軸の違い、つまり短期と長期の2つに分けると理解しやすいでしょう。

ひとつは短期的なキャンペーンにより効果を求める「キャンペーンセントリック型」、もうひとつは中長期的な効果を期待する「オールウェイズオン型」のエンゲージメントです。

キャンペーンセントリックとは、短期的な盛り上がりをつくる広告施策を指す言葉で、キャンペーンセントリック型のエンゲージメントとは、短期間で瞬発力をもって、多くの人が参加したくなるエンゲージメント施策のこと。

一方、オールウェイズオン型は、ユーザーに寄り添い、中長期的に関与を深めていくコミュニケーションです。オールウェイズオンとは、2008年頃からアメリカで提唱され始めた言葉で、それまでのキャンペーンセントリックな広告手法への反省から生まれました。

このうち、歴史的に先に盛り上がったのはキャンペーンセントリック型のエンゲージメント。カンヌライオンズで「エンゲージメント」が大きな話題になったのは2007年といわれますが、その前後からいろいろなキャンペーンが生まれています。

では、世界的に話題になったエンゲージメントキャンペーンをカンヌライオンズの受賞作を例に手法別に分類しながら見ていきましょう。

① ブランデッドコンテンツ

映画、音楽、ゲームなど、お客さんが関心を持ちやすいコンテンツにブランドのメッセージを練り込んでいく手法。

Burger King「Subservient Chicken(従順なチキン)」

さまざまな単語を入力して指示すると、画面上のチキンがその命令に従って動く、インタラクティブなゲーム。メニューが自由にアレンジできるバーガーキングの特徴を生かし

Burger King「Subservient Chicken」(2004年カンヌライオンズ受賞)

Intel×Toshiba「The Beauty Inside」(2013年カンヌライオンズ受賞)

た、エンゲージメント領域では伝説のキャンペーンのひとつ。

Intel×Toshiba「The Beauty Inside」

目が覚めると容姿が別人に変わってしまう主人公アレックスが、ひとりの女性と出会い、恋に落ちる全6話構成のソーシャルフィルム。ユーザーがFacebookを通じて、アレックス役として参加できることが話題になりました。

② ブランデッドユーティリティ

日々使う道具にブランドのメッセージを練り込み、日常的に使ってもらうことで興味、共感を高めようとする手法。

UNIQLO「UNIQLOCK」

ユニクロを着た女性たちが音楽とシンクロしながらモダンに踊り、時刻を刻むツール。ブログパーツやスクリーンセーバー上で時計として機能します。

UNIQLO「UNIQLOCK」(2007年カンヌライオンズ受賞)

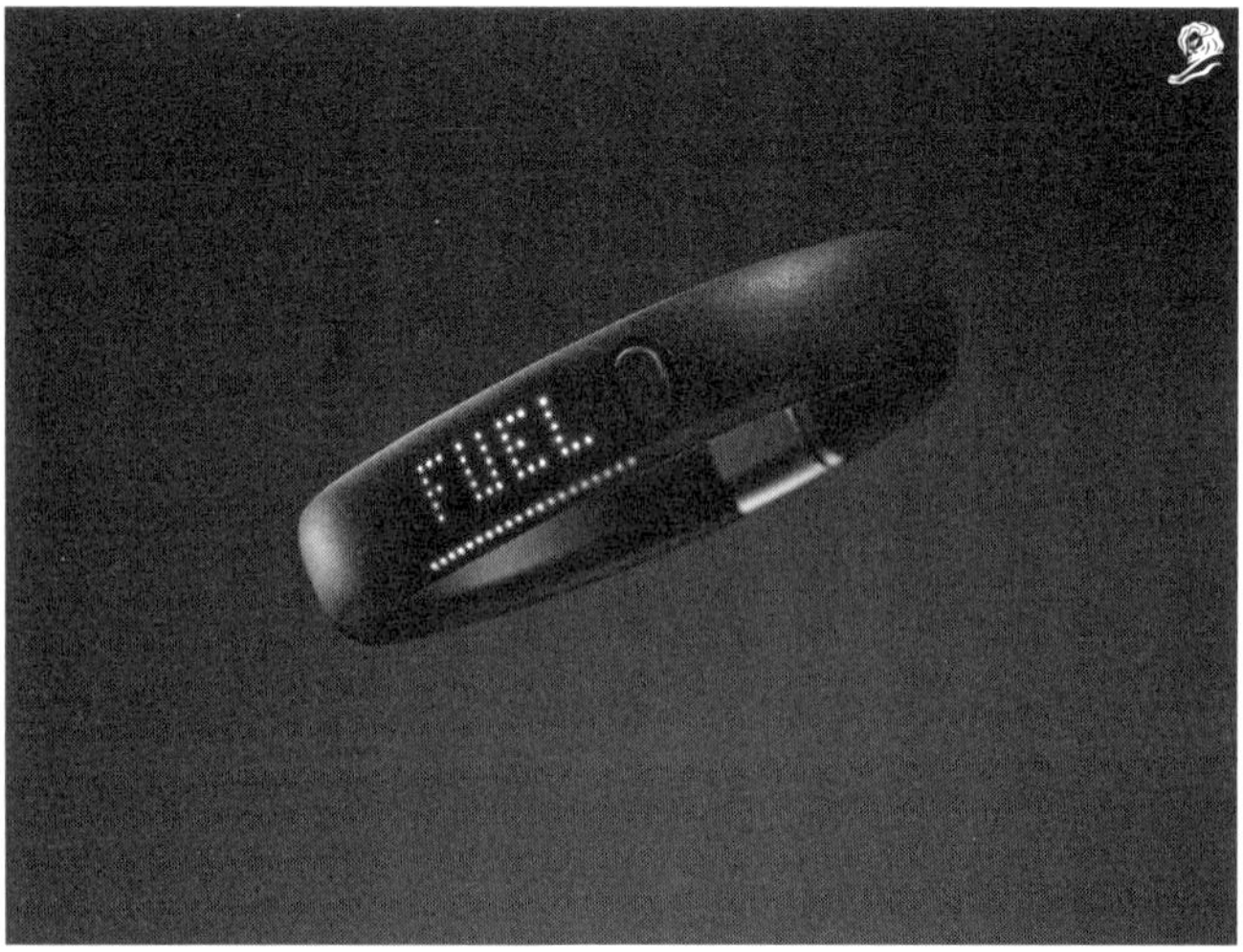

NIKE「NIKE+ FuelBand」(2012年カンヌライオンズ受賞)

NIKE「NIKE+ FuelBand」

スマートフォンのアプリと連携し、ランニング、ウォーキングの運動量やカロリーなどを計測してくれるブレスレット。データを公開・共有できるので、仲間や世界のトップアスリートとポイントを競うこともできます。

③ リアルドキュメンタリー

フィクションではなく、実際にやってしまうことで共感を高めようとする手法。手持ちカメラなどドキュメンタリー番組の撮影手法を用いて、独特の臨場感を視聴者に与えます。実際には100%ガチンコではなく、巧妙に「本物らしく」見せるフェイクドキュメンタリーや、いわゆる素人参加番組のようなコンテンツも。

ECKO「Still Free」

アメリカのグラフィックアーティスト、マーク・エコーが立ち上げた、自由を求める精神をコンセプトにしたファッションブランド「Still Free」。大統領専用機エアフォースワンに「Still Free（まだ自由だぜ）」と落書きをするバイラルムービー。

ECKO「Still Free」(2007年カンヌライオンズ受賞)

Panasonic「パナソニック　オキシライド乾電池・有人飛行プロジェクト」(2007年カンヌライオンズ受賞)

Panasonic「パナソニック　オキシライド乾電池・有人飛行プロジェクト」

東京工業大学と共同で、乾電池の力だけで飛行機を飛ばすプロジェクトを実施。パワフルで長持ちという、オキシライド乾電池の特性を証明した実証広告。

④ ソーシャルグッド

ブランドの社会的な存在意義を体現する活動を行うことで、共感を集めようとするアプローチ。

Unicef「TAP Project」

きれいな水が飲めず、命を落とす子どもたちを救う募金キャンペーン。レストランで提供される水道水に1ドルの値段をつけて販売、水は大切だという気づきを与えながら募金を集めるプロジェクト。

⑤ ゲーミフィケーション

遊びや競争などゲーム性を持たせた仕組みによって、行動を起こさせようとする手法。

Unicef「TAP Project」(2007年カンヌライオンズ受賞)

Volkswagen「Fun Theory "Speed Camera Lottery"」(2011年カンヌライオンズ受賞)

Volkswagen「Fun Theory "Speed Camera Lottery"」

フォルクスワーゲンが、走行速度を低下させる目的で行ったキャンペーン。道路脇にスピードメーターを置き、制限スピードを守って走行したドライバーには賞金が贈られる「スピードカメラくじ」。

ここまで、2000年代にカンヌライオンズで話題になったエンゲージメントキャンペーンを紹介してきました。もちろんどれもすばらしいのですが、魅力あるコンテンツのなかにブランドのメッセージを練り込む手法は、実は決して新しいものではありません。

たとえば、コマーシャルソングはコンテンツマーケティングの典型。「♪君のひとみは10000ボルト〜」(資生堂)、「♪いい日 旅立ち〜」(国鉄)、「♪夏 夏 ナツ ナツココ夏〜」(JAL)、「♪カローラⅡに乗って〜」(トヨタ自動車)などなど、数えきれないほどのヒット曲が思い浮かびますよね。

CM音楽をタイアップで制作し、その曲自体がヒットすることで、歌番組やカラオケなど広告以外の接点で広がっていく、それこそ昔からある手法です。

また、映画のタイアップやプロダクトプレイスメント(商品を提供し、映像に映してもらう広告手法。有名なところでは007シリーズのBMW）なども、コンテンツの力を借りてお客さんの関心・関与を引き出すという意味では、これまたエンゲージメントの手法といえます。

ソーシャルメディアがインフラになり、双方向のやりとりがリアルタイムにできる時代になったからこそ、エンゲージメントが新しい手法として捉え直されるようになったと考えるべきでしょう。

中長期的にファンをつくる「オールウェイズオン型」9タイプ

Twitter や Facebook といったソーシャルメディアが定着した2010年以降、オールウェイズオン型のエンゲージメントも注目を集めるようになりました。

ソーシャルメディア（一般のユーザーが情報を発信し、交換しあうことで成り立っているメディア）やオウンドメディア（企業・ブランドが自ら所有するウェブサイト）上で継続的に行われるコンテンツ施策や対話を通して、ユーザーに寄り添っていく。中長期的な視点でのファン育成を目指すもので、キャンペーンセントリック型のように、短期間に莫大な予算を使うことはあまりありません。

なぜ、オールウェイズオン型のエンゲージメントが注目されるようになったのか。理由のひとつとしては、お客さんの時間軸に合わせられる、ということがあります。

キャンペーンセントリック型の広告は、マス広告出稿やイベントを行うタイミングなど、あらゆるマーケティング活動は企業側の決めたスケジュールに基づいて実施されていました。もちろん商戦期のように、可能な限りお客さんが商品を欲するタイミングを狙いますが、その時間軸に合わない人も相当数出てきてしまいます。

一方、オールウェイズオンのエンゲージメントは、企業側は常に待ち受けている状態。お客さん側からすれば、望むときに触れることができる、ということでもあるわけです。

考えてみれば、お客さんと日々接して、徐々に仲良くなり、いつしか常連さんになってもらうというのは、商店街にある定食屋さんでも美容院でも、どこでも行われていること。また、できる営業マンはいきなり商品を売ることはせず、たわいのない世間話から始めますよね。そして、相手に有益な情報を提供したり、お手伝いをしたりすることで関係性を深め、商売につなげていく。オールウェイズオン型のエンゲージメントは、まさにそんな取り組みと理解するのがよいでしょう。

オールウェイズオン型は9つのタイプに分類できます。

① 情報提供タイプ

日常生活や仕事に具体的に役立つ情報を継続的に発信する手法。トイレタリーメーカーなら暮らし全般のお役立ちコンテンツ、食品会社ならレシピ情報などを用意して、ゆるやかなファンづくりを目指します。

ITとワークスタイルをメインテーマにしたサイボウズの「サイボウズ式」、暮らしのアイデアを提供するライオンの「Lidea（リディア）」などが代表的。オウンドメディアをニュースサイト的なつくりにして、他のニュースサイトにも情報を配信することで、習慣的なサイト訪問やコンテンツ閲読で関係をつくる手法がポピュラーでしょう。

② 活動レポートタイプ

オフラインで行っている活動をレポートし、オウンドメディアやソーシャルメディア上で継続的に伝えていくもの。全国各地で行っている草の根活動やソーシャルグッドなプロジェクトなど、ブランドのコンセプトに合わせたものがメインになります。

③エンターテインメントタイプ

ゲームや占いなど、ちょっとしたお楽しみコンテンツを提供するものから、最近では、堅苦しいエアラインの機内安全ビデオをエンターテインメントフルなものに変えたり、ブランドムービーに社員が登場してダンスしたりと、さまざまなタイプが登場しています。

④世間話タイプ

企業の公式Twitterアカウントで、基本は企業情報や新商品情報を告知しつつも、時事ネタをつぶやいたり、他のTwitterアカウントと世間話をしたり、ときにはフォロワーと大喜利のようなやりとりをしたり。人間的なふるまいをすることで、広くゆるやかな絆や共感を醸成する手法です。日本ではタニタ、無印良品、東急ハンズ、シャープなどが代表的で、通称「中の人」の活躍にも注目が集まっています。

⑤ 使用例タイプ

ユーザーが実際に商品を使っている様子を見せることで、自分が使ったらどうなるか、想像を膨らませてもらう手法。昔からあるやり方ですが、今は動画や写真を大量に使えるうえ、ユーザー参加型にしやすいという違いがあります。

ペンタブレットメーカーのワコムは、人気漫画家が自社の商品をどのように使って作品を制作しているか、その技術を見せる動画をYouTubeに大量にアップ。10万人を超える日本有数のチャンネル登録数を得ています。

また、ファッション系のブランドがInstagramをウェブカタログ的に使うこともよくある例でしょう。プロのモデルを起用して展開しつつ、#（ハッシュタグ）をつけることでユーザーが気軽に参加できるキャンペーンにもなっています。

⑥ 商品共創タイプ

お客さん好みにカスタマイズできたり、お客さんの声を取り入れて商品開発を行ったりする手法で、場合によっては投票によって発売する商品を変える、なんてことも。

カスタマイズ型の代表例は、ナイキのスニーカーをオーダーメイドできる「NIKEiD」。

色やデザインだけでなく、求めるパフォーマンスやフィット感を選ぶことで、自分好みの一足をつくることができます。また、食品メーカー、レストランチェーン、コンビニなどでは、お客さん参加型のメニュー開発プロジェクトも行っています。

⑦ おもてなしタイプ

効率性を重視し、可能な限り自動化して人手をかけない、そんな世の流れとは真逆のアプローチで、深いエンゲージメントを築く手法もあります。

徹底的なおもてなしを行っている代表例としてよくあげられるのが、アメリカの靴のネット通販会社、ザッポス。「たまたま靴を売ることになった顧客サービス企業」と自称するだけあって、コールセンターは24時間年中無休、送料・返送料は無料で、365日以内の返品OK。サービスマニュアルはなく、顧客の問い合わせの電話に何時間もつきあい、自社に在庫がなければ他サイトをチェックして教えてあげる……。徹底した顧客サービスが驚きとクチコミをもたらし、まさに「伝説」になっています。

⑧ コミュニティタイプ

お客さん同士が集ってブランドについて語り合うこと、交流することを促す手法です。僕も関わらせていただいているTOYOTA 86というスポーツカーの場合、コミュニティサイト「86 SOCIETY」を運営していて、「86S（ハチロックス）」というオフ会を開催するほか、ユーザー参加型で「峠」ガイドをつくるといった企画も行っています。

今では、1万人にのぼるオーナーがサイトに登録、書き込みや写真投稿もとても活発で、自主的なオフ会が100回以上も開催されているほど。もはやオーナー主体でコミュニティが運営されていて、ライフスタイルやカルチャーの醸成につながっています。

⑨ おトク・便利タイプ

ちょっとおトクな情報や、便利な情報も、お客さんの関与を引き出す手段に。メールやLINEに登録することで限定の情報が入手できたり、専用アプリをダウンロードし、店頭チェックインすることでポイントやクーポンがもらえたり、FacebookやTwitterでこまめにキャンペーン情報が届くものなどがあります。

ゆるい関与か？ それとも深い関与か？

「関与」が人を動かすというのがエンゲージメントの考え方ですが、広くゆるい関与を目指すべきか、狭くとも深い関与を目指すべきかについては議論があります。

広くてゆるい関与がいいという立場の場合、一言二言のTwitterのつぶやきや、役立つ情報提供というおもてなしを積み重ねて、ライトに共感しあえる関係になることを重視します。

ヘビーユーザーに着目する「ブランドロイヤルティ」とは違って、「エンゲージメント」はユーザー・非ユーザー問わず、企業やブランドに共感、親しみを持ってくれるファンをつくることを目指すコミュニケーション。

ファンが増えれば、お金をかけなくても新商品の告知ができたり、商品機能の違いがなくても、どちらかといえばこっちのメーカーを選ぼうかなと思ってもらえたり、企業が苦境に立たされたときには応援してもらえたり。もちろん、その中の一部は商品の継続購買へと向かっていく。それがエンゲージメントのよさだと考えるのが、ゆるい関与がいいという立場の意見です。

一方で、深い関与がいいとする考え方の代表は、元電通の佐藤尚之さんが提唱する「ファンベース」（次章のクチコミ論で詳しく触れます）。クチコミの発火点になるような100人、1000人の熱いファンをつくることに意味があるとする考え方です。

ちなみに、いずれの立場にも成功事例があるので、僕はどちらのアプローチも正しいと感じています。

エンゲージメントとは、友だちのような関係のつくり方

エンゲージメントは、ネットの定着、とくにSNSの浸透とともに育った戦略論。そのため、評価指標としては各ソーシャルメディアが定義するエンゲージメント率を活用することがあります。

【各SNSのエンゲージメント率】

Facebook：反応数（いいね！数＋コメント、シェアまたはクリックした人数）／投稿のリーチ数

Twitter：反応数（クリック、リツイート、返信、フォロー、お気に入り登録の数）／インプレッションの合計数

また、オウンドメディアでは訪問者数で評価することが多いようです。

一方で、Twitterアカウントのフォロワーや Facebook ページの登録者が数千人、数万人いたからといってそれがどうした、マス広告で一気に数百万人、数千万人にリーチするほうが効果があるし、投資効率もいいのではないか、という意見もあるでしょう。

そうした声に対して、戦略論としてのエンゲージメントは、まだその効果を明快に示せていないと感じます。ただ、「共感」を通して関係を構築しようというコミュニケーションが、今の時代に求められているのは間違いありません。多くのマーケターは直感的にエ

ンゲージメントの重要さを肌で感じていて、それゆえ他の戦略論との組み合わせも含めて、さまざまなトライアルが続いているのです。

エンゲージメントの重要性を語るうえで多くの示唆を与えてくれるのは、レッドブルの成功だと僕は思います。創業者であるディートリッヒ・マテシッツは「レッドブルは単なる飲料ではなくエキサイティングな体験であり、スリルや冒険である」＊1と語っていて、年間総売上の3分の1という莫大な金額をマーケティングに、さらにそのうちの3分の1をスポーツにあてると決めているそうです。＊2

エクストリームスポーツなどにスポンサードすることで人々の共感を集め、くり返し見てもらえる良質なコンテンツを積み上げることでエンゲージメントを生む。その結果、クチコミはもちろん都市伝説のようなものまでが語られ、日本でも大きな存在感を示していますよね。

エンゲージメントは、お客さんと正面から向き合って、お客さんを口説き落とすというようなアプローチではありません。お客さんの横に座って同じ方向を向き、一緒に考えたり、行動したり、共感したり、言ってみれば友だちのような関係のつくり方。

あからさまに自分の魅力をアピールすることはしないし、ゆるいフレンドシップでも深い友情でもかまわない。ブランディングが好意を深める活動だとするなら、エンゲージメントは関与を通して友情を深める活動と捉えるといいかもしれません。

一方通行のメッセージングではなく、受け手の関与を引き出すエンゲージメントは、情報過多の時代には必須のアプローチ。これからもどんどん進化していくことでしょう。

まとめ

・エンゲージメントとは「関与」が人を動かす、と考える戦略論。
・雑誌型エンゲージメントは、媒体の持つ「読者との結びつきの強さ」を指標化したもの。
・キャンペーンセントリック型は、短期間に多くの人が関与・参加したくなるもの。「ブランデッドコンテンツ」など、いろいろなアプローチがある。

	・オールウェイズオン型は、お客さんに寄り添い、中長期的に関与を深めるもの。ソーシャルメディア、オウンドメディアを活用することが多い。 ・広くゆるい関与を目指すもの、狭くとも深い関与を目指すものの2方向がある。
強み	・広くゆるい関与は、情報伝達を容易にし、〝なんとなく買い〟などに寄与する。 ・深い関与はクチコミの発信源となり、ファンの熱い応援につながる。 ・オールウェイズオン型は、お客さんの時間軸に合わせることができる。 ・比較的予算がかからない。
弱み	

・即効性がない。
・継続的活動なので手間がかかることが多い。
・効果の数値化が難しい。

＊1 日経ビジネスオンライン『レッドブル、52億本への爆走　驚異の成長戦略を暴く』コラム記事より
＊2 ヴォルフガング・ヒュアヴェーガー著、楠木健解説、長谷川圭訳『レッドブルはなぜ世界で52億本も売れるのか』（日経BP社、2013年）

wom

クチコミ論

情報の「人づて」が、人を動かす。

第7章　クチコミ論

いよいよ7つの戦略論の最後、クチコミ論です。英語では「WOM（Word of Mouth）」（ウォムあるいはワムと読みます）と呼ばれ、アメリカの業界団体WOMMA（Word of Mouth Marketing Association）によれば、WOMマーケティングの定義は以下のとおり。

"'any business action that earns a customer recommendation,' but, in the big world of creative campaigns and engagement techniques, WOMM means much more. WOMM is about harnessing the power of people to build brand awareness."

『顧客の推奨を得るために行う活動のすべて』であり、広告キャンペーンやエンゲージメント手法においては『ブランド認知、イメージを構築するために生活者の力を活用すること』を意味する」

つまり、クチコミ論とは、情報の「人づて」が人を動かすという戦略論です。

あえて今、クチコミを戦略論に入れるべき理由

はたして「口コミ」は戦略論なのか？　実は悩みました。もちろんPR戦術と捉えることもできるし、クリエイティブの指針のひとつと捉えることもできるでしょう。PRの世界には昔から、発信力、影響力のあるキーパーソンの「口コミ」を活用する手法がありましたし、クリエイティブの視点からいえば、居酒屋で話題になったり、子どもたちの間で流行ったりする表現をつくろうという意識は、以前からあった話ですから。

それでも今回、戦略論に入れるべきだと判断したのは、一にも二にもソーシャルメディ

アの登場があったから。この本では、いわゆるかつての「口コミ」ではなく、ソーシャルメディア登場以降の、パワフルな人づてのコミュニケーションをカタカナで「クチコミ」と表記しています。

今さらながら一応説明をしておくと、ソーシャルメディアとは、一般の人が誰でも書き込むことができ、双方向のコミュニケーションを介しながら情報や発言が広がっていくメディアのこと。

Facebook、Twitter、LINE、Instagram、Pinterest、Mixi、Google+、といったSNSに加えて、YouTubeなどの動画共有サイトやソーシャルブックマーク、ブログ、クチコミサイト、ショッピングサイトの購入者レビュー欄なども含んだ大きな概念と捉えてください。

さて、なぜソーシャルメディア時代の「クチコミ」と、それ以前の「口コミ」を区別するのかといえば、「情報の量」「情報の信頼性」「情報に接触する順番」という3つの点において、劇的な変化があったから。

まずは「情報の量」。SNS上では面白い情報コンテンツがネズミ算式に拡散するので、時に「アイスバケッツチャレンジ」(筋萎縮性側索硬化症＝ALSの研究を支援するため、バケツに入った氷水を頭からかぶったり、協会に寄付をすることを連鎖的に広めた運動）のように、短期間のうちに世界に広がるビッグウェーブを起こすことがあります。

大きな予算を使わなくても、ネタいかんによっては100万人、1000万人単位の人が見る可能性を秘めている。それは、ブログが中心だった時代からSNSの時代へ移ることで、さらにレベルの違ったスピードと量を持つに至りました。

また「情報の信頼性」という面では、企業から直接発せられた情報よりも「人」を介して接触した情報のほうが信頼できるという、お客さんの意識の変化があります。口コミは単なる一個人の意見にすぎず信頼度も低い――そんな一昔前までの常識が変わってきていることは間違いありません。

2013年9月、Nielsenが世界58カ国、2万9000人以上のインターネットユーザーを対象に行った調査によれば、もっとも信頼している宣伝媒体や情報ソースは「知人からの推奨」。送り手からの一次情報や、大手メディアによって編集された情報より、自分と同じ目線にある友人・知人のフィルターを通った情報のほうが信頼できると感じているわけです。

最後が「情報に接触する順番」です。さまざまな事件や政治経済のニュース、スポーツ

情報ソースの信頼度比較

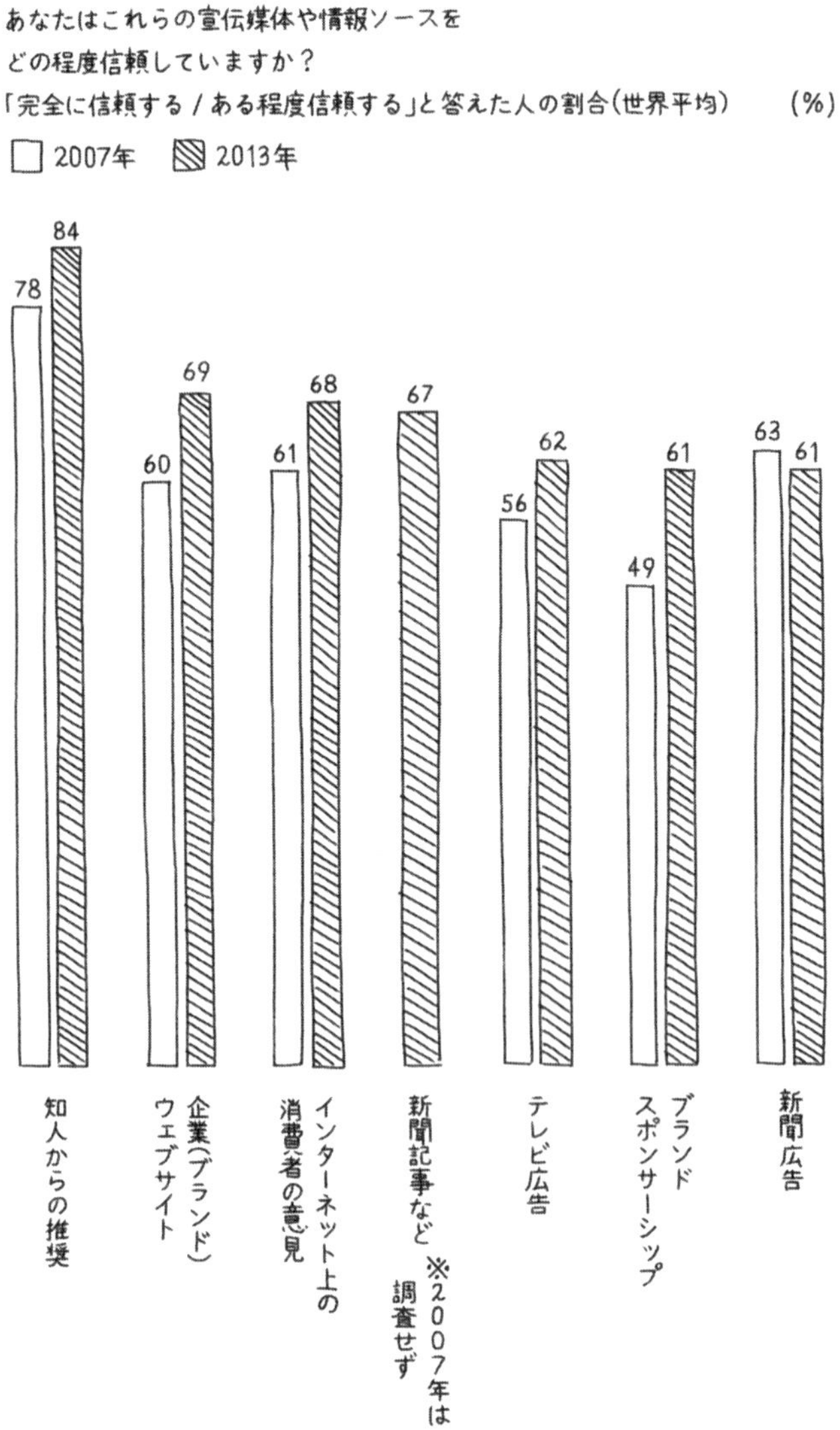

出典　Nielsen Global Survey of Trust in Advertising, Q3 2007 and Q1 2013

や芸能ネタ、新商品情報や商品使用の感想、そしてCMやプロモーションまで、私たちが日々受け取る情報の「ファーストコンタクト」は、けっこうな割合がソーシャルメディア経由になってきていますよね。きっと、みなさんも体感していることでしょう。

電通の示したSNS時代の購買プロセスモデル「SIPS」も、そうした前提でつくられていて、ソーシャルメディアを経てきた情報に「共感」(Sympathize) し、自分で確認(Identify) するという順番になっています。

こうなると企業側も、クチコミを自然発生に任せるのではなく、マーケティングに生かせる戦略として本気で取り組まざるをえなくなってきた、というのが現在なのです。

歴史

Web2・0期(1999年〜)
ブログやクチコミサイトを活用したマーケティング

さて続いて、クチコミ論の変遷を見ていきましょう。ネットの発展に合わせて大きく3

クチコミ論の歴史

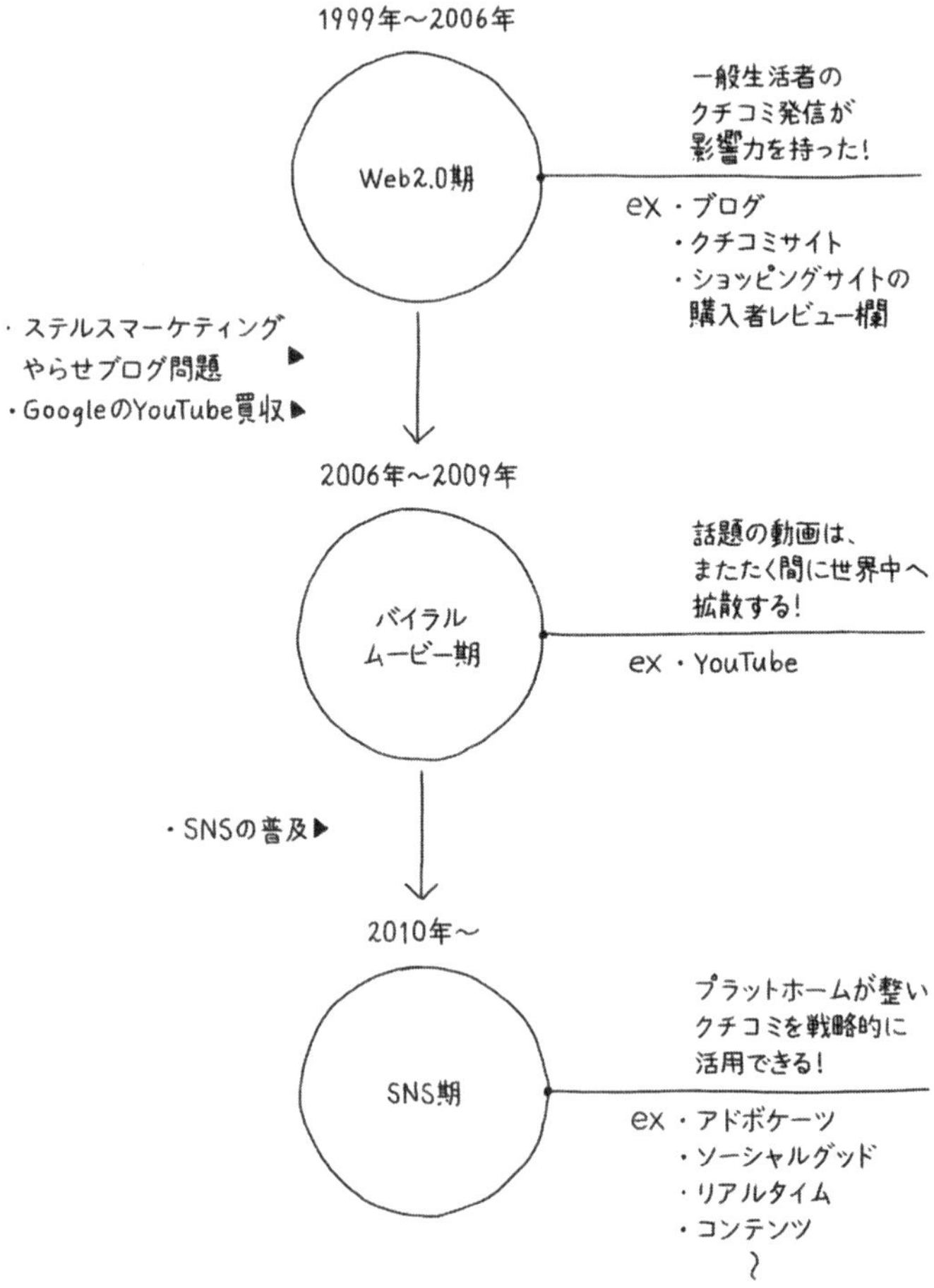
1999年〜2006年
Web2.0期
一般生活者の
クチコミ発信が
影響力を持った!
ex ・ブログ
・クチコミサイト
・ショッピングサイトの
購入者レビュー欄
・ステルスマーケティング
やらせブログ問題▶
・GoogleのYouTube買収▶
2006年〜2009年
バイラル
ムービー期
話題の動画は、
またたく間に世界中へ
拡散する!
ex ・YouTube
・SNSの普及▶
2010年〜
SNS期
プラットホームが整い
クチコミを戦略的に
活用できる!
ex ・アドボケーツ
・ソーシャルグッド
・リアルタイム
・コンテンツ
〜

つの時期に分けられ、日本でも多少のタイムラグはありつつも同様の変遷をたどっています。

そもそもクチコミは、1960年代の定義では「対面のコミュニケーション」であることが条件だったそうですが、ネットの普及によってこの定義が大きく変わりました。

まず、第1期はWeb2・0期、ブログが実質的に登場した1999年から2006年頃まで。「Web2・0」とは、情報の送り手と受け手の境がなくなり、誰もがネットを通して自由に情報発信できる状態のことです。

この時期に広がったのが、ブログや掲示板、さらにクチコミサイトをはじめ、消費者自身が情報をつくり出していく「CGM（Consumer Generated Media＝消費者生成メディア）」。プログラム言語がわからなくても情報発信できる仕組みが整ったわけです。

マーケターたちがこうした変化を見逃すはずもなく、ブログやクチコミサイトを活用したさまざまな施策が編み出されます。

中には「やらせ」や、情報の発信者を隠したり、偽ったりするキャンペーンまでが登場。あたかも一般消費者が商品について熱く語っているようで、実はPR会社が作成した偽ブログ（アメリカでは、Fake blog＝Flogと呼びます）だったというケースも。

いわゆるステルスマーケティング（ステマ）が行われ、アメリカでは２００６年、ついにはＦＴＣ（連邦取引委員会）が乗り出す事態にまで発展しました。

こういった問題に対処し、不正なステルスマーケティングとクチコミマーケティングとの違いを明確にして、業界を健全化するための団体として生まれたのが、２００４年に設立されたＷＯＭＭＡです。ＷＯＭＭＡは「Code of Ethics」と呼ばれる厳しい倫理規定を制定し、売り手との関係性を明示すること、嘘は語らないこと、本名を名乗ることなど、会員にルールの遵守を求めています。

日本でも２００９年、ＷＯＭマーケティング協議会（英語表記：The Word of Mouth Japan Marketing Association　略称：ＷＯＭＪ）が発足し、クチコミマーケティングに関するガイドラインを設けたほか、消費者庁は２０１１年に景品表示法のガイドライン「インターネット消費者取引に係る広告表示に関する景品表示法上の問題点及び留意事項」を公表。クチコミ情報について、次のように規定しています。

「商品・サービスを提供する事業者が、顧客を誘引する手段として、口コミサイトに口コミ情報を自ら掲載し、又は第三者に依頼して掲載させ、当該『口コミ』情報が、当該事業者の商品・サービスの内容又は取引条件について、実際のもの又は競争事業者に係るものよりも著しく優良又は有利であると一般消費者に誤認されるものである場合には、景品表示法上の不当表示として問題となる」

Web2・0期にエージェンシーやPR会社が力を入れていたのは、「インフルエンサー」に情報を語ってもらうこと。インフルエンサーとは、もともとは著名人やタレントといった広く社会に影響力を持った人のことを指していましたが、彼らに加えて、とくにネット上で影響力のあるブロガーなども、その範疇に入るように。一時期「アルファブロガー」という言い方もされていましたよね。

ただ、タレントや著名人にしても、アルファブロガーにしても、影響力のある人が送り手サイドに立って一方的な情報発信をするという意味では、これまでの広告宣伝と構造はあまり変わりません。要はブログのPV数を雑誌の部数のように換算して媒体料をもらっているようなものだ、という指摘もあったわけです。

Sony Bravia「Balls」(2006年カンヌライオンズ受賞)

バイラルムービー期(2006〜09年)
動画を掛け合わせよりパワフルに

第2期は、2006年から2009年にかけての、バイラルムービー期。「バイラル」とは「感染性の」という意味で、情報が人づてに広がっていく仕組みをウィルスの感染・増殖にたとえた言葉です。

2006年は、Google が YouTube を買収し、世界的に動画が共有されるインフラが整ったタイミング。クチコミの波及力に動画というコンテンツを掛け合わせることで、よりパワフルになった時期といえるでしょう。

カンヌライオンズでも、毎年バイラルムービー

Unilever Dove「Evolution」(2007年カンヌライオンズ受賞)

を用いたキャンペーンが話題をさらっていました。たとえば2006年には、サンフランシスコの坂道を25万個のカラーボールが転がるSony Bravia「Balls」。2007年には、普通の女性がメイクや画像編集ソフトで加工され、美しく変貌していく様子を75秒で表現したUnilever Dove「Evolution」、さらに2008年には、ゴリラがフィル・コリンズの曲に合わせてドラムを叩くCadbury's「Gorilla」などなど。

この時期のバイラルムービーは、視聴率の高いテレビCM枠で放映しつつ、拡散のためにYouTubeを活用するといった組み合わせが主流。「Balls」はイギリスでマンチェスター・ユナイテッドのビッグゲームの間に放映されました。ただ、サンフランシスコの近隣住民がムービーの制作

Cadbury's「Gorilla」(2008年カンヌライオンズ受賞)

シーンを自分のビデオカメラで撮影し、その日のうちにYouTubeにアップ。オンエア前から世界中で話題になってしまった、というオチつきでしたが……。

ちなみに、アメリカのマーケティング・メディア専門情報誌『Advertising Age』が選ぶ、2006年の世界ナンバーワンエージェンシーは、なんと「The Consumer（消費者）」。生活者、消費者がコミュニケーションにおいて、名実ともに送り手と受け手を兼ねる存在になってきたといってもいいでしょう。

ＳＮＳ期（２０１０年〜）
拡散させるためのキーワードは３つ

第３期は２０１０年頃から始まる、ＳＮＳ期です。２００６年にサービスインしたFacebook や Twitter のユーザー数が急激に増え、情報流通の基本インフラになったのがこの時期。

現在では、Facebook や Twitter、LINE などが、国内で数千万、世界で数十億人規模の月間アクティブユーザーを持つ巨大メディアになっています。YouTube というインフラが整ったことでバイラルムービーが花開いたように、こうしたＳＮＳが定着することによって新しい流れが生まれました。

ＳＮＳ上で「人づて」で拡散させるためにどうすればいいかという視点が重要になり、ＳＮＳを前提にしてクチコミ戦略が組み立てられるようになったのです。この時期に注目を集めたキーワードは、次の３つ。

① アドボカシー

2011〜2012年、クチコミ業界で話題になったキーワードは「アドボカシー（Advocacy＝擁護、支持の意）」「アドボケーツ（Advocates＝擁護者、支持者の意）」。つまり、ブランドやプロダクトの情報を発信し、推奨してくれる人々のことです。

アドボケーツは企業から一切報酬を得ません。契約を結んでブランドを推奨する「ブランドアンバサダー」とは違って、いわば一般の人。しかもロイヤルユーザーとは限らないし、ユーザーですらない場合もありますが、それでもブランドに関与し、語りたいと思っている人たちのことです。

彼らが情報を発信する主なモチベーションは、純粋に企業やブランドのことを語りたい、語ることで自分自身を表現したいということ。無名のブランドアドボケーツたちの発信力や波及力の大きさが注目されたのもこの頃でした。

② ソーシャルグッド

第2章のブランド論などでも触れているので、細かくは割愛しますが、社会を良くするためにブランドに何ができるか、そのブランドは社会の中でどんな存在意義があるかを深め、コミュニケーションに活用するのがソーシャルグッド。SNSによって、企業の外面ではなく内面、つまり企業姿勢や思想が問われるようになったことが、ソーシャルグッドへの意識の高まりを加速したことは間違いありません。

③ リアルタイムマーケティング

あらかじめ予定されている季節や年間のイベント、および突発的なイベントに対応し、その瞬間の気分をうまく捉えて適切な発信を行う活動、それがリアルタイムマーケティングです。

たとえばOREOは、2013年のスーパーボール中に停電が発生した際、「暗闇でもダンク(アメフト用語と、オレオをミルクに浸すのかけことば)できるさ」という気の利いたツイートをポストし、大反響を得ました。

このほか、2014年には「コンテンツマーケティング」がキーワードになりました。とくに動画によるマーケティングが注目を集めています。後年、この年から新たな「動画コンテンツ期」が始まったといわれるのかもしれません。

2006年からのバイラルムービー期との違いは、SNSの普及によって、マス広告を一切使わずとも動画も瞬時にどんどんシェアされていくということ。「忍者女子高生」（サントリー）、「爆速エビフライ」（NTTドコモ）に加え、「雪道コワイ」（オートウェイ）など、中堅、中小企業のつくったムービーも大きな話題になりましたよね。

ここまでの歴史を見てもわかるとおり、クチコミは人づてに自然に伝わるもの。もはやステマが許されないなか、いい意味でいえばオーガニックに、別の言い方をすればアンコントローラブルに広がります。

言ってみれば「自走」が基本とされる状況で、僕たちはいったいどんなことを考えてプランニングしていけばいいのでしょう。何を狙ってクチコミを活用するのか、誰が語ってくれるのか、どんな話題が拡散しやすいのか、そして効果測定や運営体制は……。

ここからは、今まさに試行錯誤されている、プランニングのポイントについてまとめていきましょう。

狙うべきは「ファンづくり」と「ムーブメントづくり」

クチコミを通じて、何を目指すのか。これは現在まさに議論になっているトピックですが、僕は今のところ、大きく2つの目的があると思っています。それは「ファンづくり」と「ムーブメントづくり」です。

ファンづくりに関しては、第6章でも少し触れた、佐藤尚之さんの提唱する「ファンベース」の考え方があてはまるでしょう。

「ファンベース」とは「人は友人・知人、とくにファンからの言葉でしか動かない」*1という考えのもと、そのブランドのファンをベースにオーガニックに生まれる情報の拡散を目指すプランニング。

企業からの情報が、友人・知人を通して〝本音の情報〟として届く「オーガニックリーチ」こそが商品に興味関心がない人をひきつける手段であり、ときには態度の変容まで促してくれる。だからこそ、ファンが喜び、熱狂することを考えて実行すべきだとしています。ファンの熱い思いを醸成することで、本物の推奨を生むアプローチですね。

もうひとつがムーブメントづくり。クチコミで世間をざわざわさせる「バズマーケティング」がこれにあたります。最近では「バズらせる」なんて言い方もされていますよね。「バズ」(Buzz)とは、〝ブーンブーン〟というハチの羽音を表す擬声語として生まれた表現。転じて、うわさ話が人の口から口へと伝わっていき、盛り上がっていると感じられるような状況を指しています。

なぜバズらせたいかといえば、話題化することで、ブランドの勢いや活力、盛り上がりやメジャー感をつくりたいから。「バンドワゴン効果」といって、あるブランドが流行している、多くの人が話題にしているという情報が流れること自体、そのブランドへの支持や満足感を強めるのです。

あのブランドは古臭いとか、つまらないといった世間の評価を変えるような狙いでキャンペーンを仕掛ける際には、世の中に風を吹かせることが必要。まさに人から人へと伝わるクチコミは最適といえるでしょう。

人がメディアであり、フィルターであり拡声器

先ほどから、インフルエンサーやアドボケーツなど、クチコミの発信者について触れてきましたが、いろいろな分類があるので、ここで整理しておきましょう。それぞれの概念は重なっている部分もあって複雑なので、代表的な6タイプをヘビーユーザー↕ライト・ノンユーザー、有名↕無名の2軸上でマッピングしてみます。

・ロイヤルカスタマー

習慣的購買をする人であり、ブランドの魅力を深く感じている人。ただし、必ずしもソーシャルメディア上で積極的に発信する人とは限りません。

・エヴァンジェリスト

もともとはキリスト教の伝道者の意味で、そのブランドを広めることが社会に良いことだと信じているほど熱狂的な信奉者。ロイヤルカスタマー中のロイヤルカスタマー、もっ

影響力のあるクチコミ発信者の分類

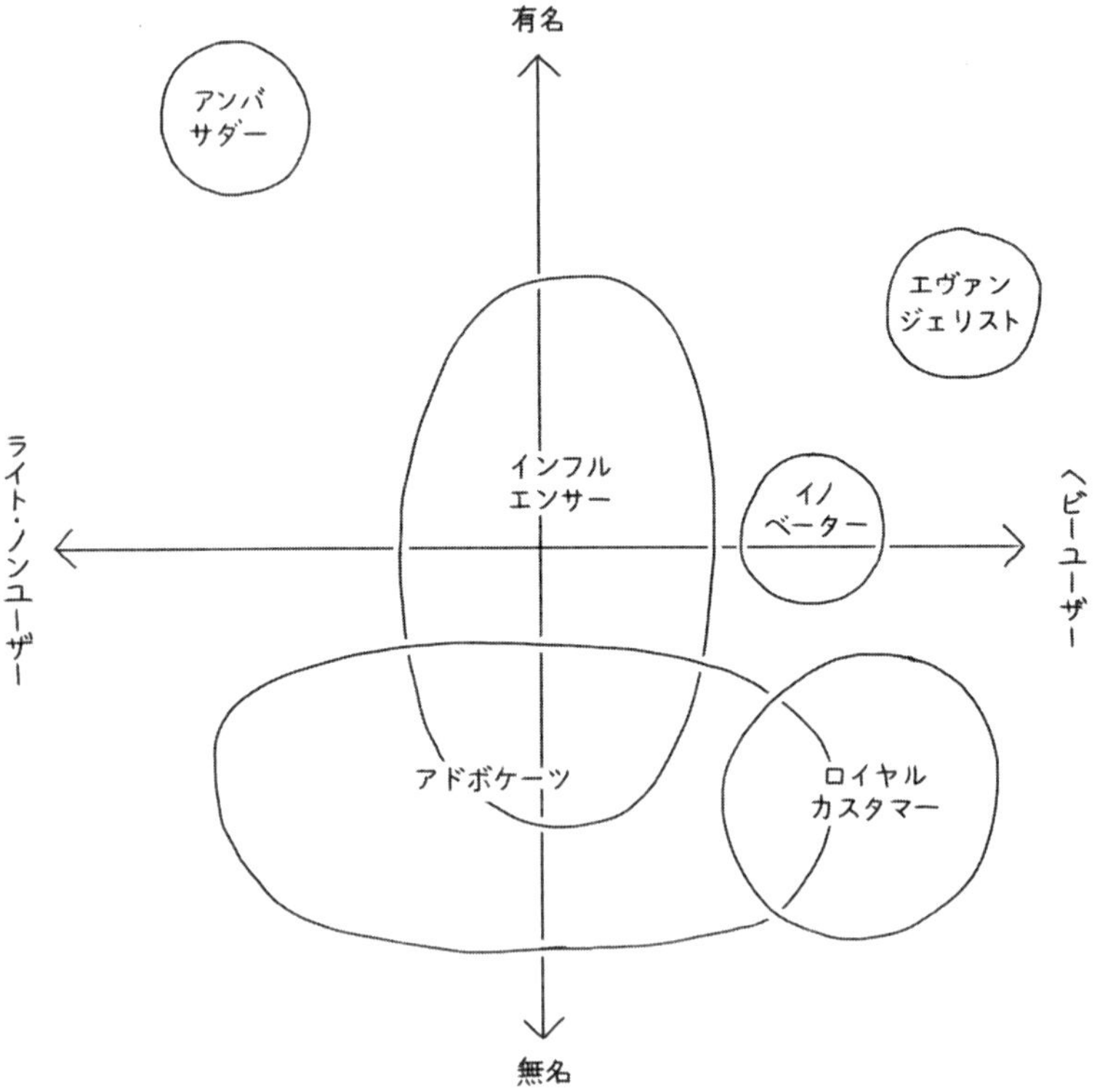

とも濃度の濃い人ともいえます。

　本来は、報酬は得ず自発的にブランドの魅力を発信する人ですが、ときにそのブランドの社員（あるいは社長）という立場の場合も。ブランドにぞっこんになって語る人は、ユーザー・社員を問わずこう呼ばれ、強いブランドは必ずといっていいほど、「エヴァンジェリスト社員」を抱えています。

・アドボケーツ

　ブランドやプロダクトの情報を発信、推奨してくれる一般の人々。報酬を得ているわけではありませんが、ブランドに関与し「語りたい」という気持ちが強い人のこと。多くはユーザーですが、そうでもない人も含まれます。

・インフルエンサー

　通常はセレブ、著名人や、高いカテゴリー知識を持った専門家などを指します。ただ最近では「拡散にもっとも寄与するのは、いわゆるスーパーインフルエンサーではなく、多くいる、ただのインフルエンサーたち」**＊2**だという研究もあり、一般のインフルエンサー

（アドボケーツと重なります）が注目されています。

・イノベーター

新商品をいち早く購買し、その経験を発信して他者に影響を与える人。１９６０年代にアメリカの社会学者エベレット・ロジャースが提唱したイノベーター理論からこう名づけられ、市場全体の２・５％を占めるとされています。

・アンバサダー

企業から（報酬付きで）任命され、魅力を伝達する人。広告出演しているタレントなども、これに含まれます。

このほか「オピニオンリーダー」という言葉もよく聞きますが、定義はいろいろ。ロジャースのイノベーター理論では、イノベーターのあとに商品を購入する「アーリーアダプター」（13・5％）のことを指しますが、一般用語としては専門家、つまり特定の商品領域に深い専門性を持った人という意味でも使いますから、ちょっと混乱しますね。

ちなみに、「ファン」はロイヤルカスタマーとアドボケーツを合わせた概念になるでしょう。くり返しになりますが、アンバサダー以外は基本報酬を得ていません。にもかかわらず商品を薦めている、話題にしているというところに、信用の基盤があります。

クチコミを加速させる3つのブースター

なぜ、こうした発信者が影響を持ち、人々はそのクチコミに従おうとするのか。それは、彼らを通った情報には3つのブースター（増幅器）が働くからだと捉えるのがわかりやすいでしょう。

①「共感」ブースターが働く

結局、商品を買うときに気になるのは、「自分にとってどんないいことがあるか」ですよね。よって、自分と同じような立場の人の意見には耳を傾けたくなります。紹介した6

タイプの中でも、アドボケーツ、ロイヤルカスタマー、一般人インフルエンサーは、基本的には普通の消費者。実際の使用体験を通して商品のよさを語ってくれるので、共感できるし、従いたくなるのです。

②「信頼」ブースターが働く

その分野に詳しい人の意見は、著名人であろうと友人・知人であろうと耳を傾けるし、信頼もしますよね。とくにＩＴなど進化が著しい分野ならなおさら、新商品をいち早く買って情報を教えてくれる、イノベーターの意見は重要でしょう。

中でも、報酬も得ていないのに本気で語っている人は、やはり信頼できるもの。ブランドの魅力をユーザーに近い目線で熱く語るエヴァンジェリストがこれにあたります。

③「憧れ」ブースターが働く

とくにファッションやライフスタイルは、誰かに憧れて自分も真似をしたいと思う分野。当然、憧れている人の声には耳を傾けるので、著名人インフルエンサーやアンバサダーが重要な役割を果たします。

さて、これら6タイプの中で「ファンづくり」の視点からとくに注目されているのは、エヴァンジェリストとアドボケーツです。両者とも深くブランドを愛していて、しかも語りたがり。では、どうしたら、そういった人を育てられるのでしょうか。

僕がいろいろなブランドを見てきて思うのは、徹底的に「近場」から考えるべきだということ。近場とは「今、目の前にいるユーザー」であり「社員」です。マス広告はできるだけ遠くまでリーチして振り向かせようとしますが、それとは真逆のアプローチといえるでしょう。

ファンづくりのために、ユーザーが語り合えるコミュニティをつくったり、オンサイト・オフサイトのミーティングやイベントを行ったり、SNSで対話し、ときには商品づくりに参加してもらったり、関係を深めることが大切です。

また社員の存在も重要。彼らは企業やブランドに好意を感じているからこそ、その会社を選んで働いているわけで、アドボケーツになる素養は十二分にあります。SNSは企業やブランドを丸裸にしてしまう怖さがありますが、逆に社員から愛され、共感されている姿もまた表に出してくれるもの。社員という内側にいる人間の好意や愛着が染み出していくこともまた、SNS時代の面白さといえるでしょう。

SNSで拡散しやすいのは、どんなネタ?

くり返しになりますが、クチコミは自然発生的なものであり、事実上コントロールすることは不可能。ゆえに聞いた人が思わず拡散したくなる、自走力のある「ネタ」が重要になります。

もっとも大切なのは、英語でいうところの「トーカビリティ(Talkability)」、人が話題にしやすい材料を用意すること。では、トーカブルな話題とは何か。これを考えるにあたっては、マーケティングエージェンシー、ブレインズ・オン・ファイアのゲノ・チャーチ氏の分類が参考になると思います。*3

ブレインズ・オン・ファイアは2011年、生活者がクチコミしやすいのは「その内容が機能的であるか、具体的に役に立つか。次に、それをクチコミすることで自分の存在を社会的にアピールできるか。最後に、その内容が感情を揺さぶるか」であるという研究結果を発表しました。

「機能的」「社会的」「感情的」とはどういうことか、順番に説明していきましょう。

・具体的に役立つ「機能的」なネタ

生活や仕事に具体的に役立つネタはSNSで拡散します。いわゆる「ハウツーもの」「Tipsもの」や「まとめ」などです。

・自己顕示欲をくすぐる「社会的」なネタ

人は内心では、いかに自分が個性的であるか、賢くて魅力的なやつであるかを伝えたいと、常に考えているもの。ちょっと変わったネタをクチコミすれば「この人はユニークだな」と思われるし、社会的なことをクチコミすれば「賢いやつだな」と思われますよね。

たとえば、Facebookに自分の意見を書いたり、みんなが共感してくれそうな記事をシェアしたり、Instagramに好きなものや行った場所の写真をアップする裏には、「自分をこう見てほしい」という思いが意識的、あるいは無意識的に反映されています。

その根源にあるのは、自己顕示欲といっていいでしょう。

少し難しくなってしまいますが、マーケティングの世界に「衒示《げんじ》的消費（Conspicuous Consumption)」という言葉があります。これは『有閑階級の理論』（1899年）を著したソースティン・ヴェブレンが提唱した消費意識のことで、商品は使用する際の価値で選ばれると同時に、ステータスを表現するための「記号」でもあるというもの。

簡単にいえば「ステータス消費」「見せびらかし消費」のことで、日本でも80年代のバブル時代の消費がこれにあたるといわれています。

バブル時代、人はステータスを顕示したわけですが、SNS時代に人はいったい何を顕示するのでしょうか？

たとえば「リア充」は、そのひとつ。こんなに楽しい経験をしている自分、こんなに素敵な仲間に囲まれている自分、こんなに素敵なモノに囲まれている自分……。言葉では伝わりづらいので、写真でアピールしやすい「フォトジェニック」なものが好まれます。また「オタク」も、こんなにマニアックにこだわっている自分を顕示しているし、「ソーシャルグッド」も社会的に正しい取り組みに共感している自分を顕示しているといっていいでしょう。

このように、社会的な見え方や自己顕示欲も含めて「記号」になるという考え方も、SNS時代のクチコミを狙ううえでは大切です。

・人を揺さぶる「感情的」なネタ

驚き、面白さ、感動などが拡散を誘発するのは、みなさんご承知のとおり。動物、子ども、恋愛ものが鉄板といわれるのは、これが理由です。

チャーチ氏が「私たちは何かをこよなく愛するとき、または大嫌いという感情を持つとき、人に話したいと強く思います。まあまあだというときは、とくに話題に上りませんよね」と述べているように、人の感情を刺激する内容は広く拡散しやすいのです。

同じ〝ネタ〟でも、どんな切り口で提供するか、どんな意識に触れるかによって、話題にしてもらいやすさは変わってくるはず。これら3つの視点が、そのヒントになるのではないかと思います。

効果をどう測定し、どう運営していくべきか

クチコミの効果測定の方法は、目的がファンづくりなのか、ムーブメントづくりなのかによっても変わってきます。

現在は、主にSNSやブログの書き込みの数や、論調（ポジティブかネガティブか）を分析して評価したり、第6章で紹介した各SNSの設定するエンゲージメント率（P265参照）で効果を測ることもあるでしょう。

ただ、クチコミは新しい戦略論のため、効果測定の方法もまだまだ発展途上。WOMMAでも、効果を測る方法そのものがアワードの部門になっているほどで、今後議論されていくべき課題といえます。

最後はマネジメントについて。クチコミを戦略の中心に据えた場合、どんな職種、どんなスキルの人がそのマネジメントをすべきかは、大きなテーマになっています。

マスの広告キャンペーンの場合は、クリエイティブディレクターやブランドマネー

ジャーが統括しますが、クチコミやエンゲージメントは、ブランドのファンやコミュニティ内の人たちと日々いい関係を築いていくことが大切なので、ちょっと違った職能が必要になりますよね。

アメリカには、すでに「コミュニティマネージャー」と呼ばれる職種があり、Facebookや Twitter の企業公式アカウントやブログの運営、ソーシャルメディア内でのブランドに対する会話のウォッチなどを行っています。

コミュニティマネージャーの条件として望ましいのは、商品知識に明るく、情熱にあふれたエヴァンジェリストであり、さまざまな事態に柔軟に対応できる機知に富んだ人。ひとりで担当することもあればチームで運営するケースもあり、後者の場合は、架空のキャラ設定がぶれないようにペルソナ（人物像）をつくるといった工夫も求められます。

リアルタイムでのやり取りを重視する企業やブランドの場合、社内にコピーライターやデザイナーを含めた専属の編集チームを抱えるケースも出てきており、ソーシャルメディアと向き合うマネジメントの重要性は、ますます高まっているといえるでしょう。

まとめ

・クチコミとは、情報の「人づて」が、人を動かすという戦略論。
・急速に浸透したソーシャルメディアによって、クチコミは飛躍的にパワフルになった。
・情報を発信、推奨してくれる「アドボケーツ」の果たす役割に注目。
・話題にしやすさ＝トーカビリティが重要。機能的、社会的、感情的なネタがクチコミを促す。
・目的は「ファンづくり」と「ムーブメントづくり」。
・「コミュニティマネージャー」という役割の重要性が増している。

強み

・情報の量、信頼性、接触する順番の点で、他のメディアを凌駕し始めている。
・低予算で広く拡散する可能性がある。

弱み

・情報の自走が基本なので、アンコントローラブルな部分が多い。
・戦略論としてまだ確立していない。
・効果測定もまだ発展途上。

＊1 読売ADレポート『オッホ』（読売新聞、2015年8・9月号）
＊2 三谷宏治『経営戦略全史』（ディスカヴァー・トゥエンティワン、2013年）
＊3 『広報会議』（宣伝会議、2014年10月号）

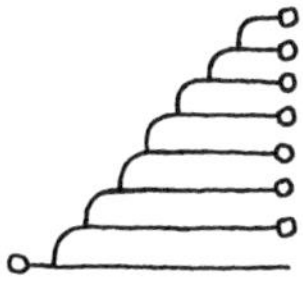

Communication Strategy

7つの戦略論を俯瞰する

「戦略の統合」が、人を動かす。

最終章　7つの戦略論を俯瞰する

ここまで戦略論を7つの「流派」に整理し、それぞれ歴史や変遷を紹介してきました。最終章では、それらをもう一度整理して、俯瞰してみましょう。時代ごとに各戦略論はどう影響しあってきたのかを眺めつつ、最後に戦略論のこれからについても語ってみます。

結論。7つの戦略論は、すべて正しい

7つに分けられるとはいうけれど、そもそもどの戦略論が正しくて、いったいどの戦略論が重要なの？　そんな疑問を持つ方もいるでしょう。

答えは、すべて正しいし、すべて重要。

なんだ、つまらない答えだな、なんて言わないでください。「はじめに」でも触れたとおり、7つのコミュニケーション戦略は「人を動かす」という同じゴールを目指すもの。ただそれぞれ、「人の動かし方」という手段、いわば信じているものが違うのです。僕が、あえて「流派」と呼んでいる理由もそこにあります。

さて、まわりくどいようですが、まずは7つの戦略論のおさらいから。それぞれの特徴と強み・弱みを、簡単にまとめてみました。

① ポジショニング論：「違い」が、人を動かす。

顧客のニーズを汲み取りながら、お客さんの頭の中で、競合と違った位置づけを得る戦略であり、自ブランドにとって有利に働く競争軸を発見することが大切。

〈強みと弱み〉

商品の特徴や機能ベネフィットに立脚し、お客さんの商品購買に直結する選択肢を提示できる。頭の中の位置づけなので、多様な「違い」のつくり方が可能。一方で市場が成熟し、低関与化・コモディティ化が進むと、「違い」の設定は困難。

② ブランド論：「らしさ」の記憶が、人を動かす。

お客さんの頭の中に、そのブランドらしさの連想構造をつくり、記憶に残す戦略。ブランドはロジックとマジック、つまり論理と感情／感覚の両面からつくられる。「ミッション」「ビジョン」に向けた動的なブランディングを行うべき。最近では「体験」「接点」の重要性が増している。

〈強みと弱み〉

「価値」「好意」「絆」を生み出すことができ、プレミアムな価格維持や長期的な反復購買に寄与する。ただし効果を可視化・数値化することが難しく、即効性のある購買喚起には必ずしもつながらない。

③ アカウントプランニング論：「深層心理」が、人を動かす。

消費者の心理や行動を理解し、広告開発プロセスに取り込む手法。インサイトとは、心を動かすツボ。広告の設計図であるクリエイティブブリーフを発想のジャンプ台に、コミュニケーションをつくるアプローチ。

〈強みと弱み〉

消費者意識が反映された戦略およびクリエイティブが生まれやすい。インサイトには低関与の人、広告を信じない人の気持ちも動かす力がある。1枚のクリエイティブブリーフにまとめることで戦略のブレがなくなる。ただし定性的な手法であり、真偽や効果について定量的な評価が難しい。

④ダイレクト論：「反応」の喚起が、人を動かす。

お客さんの反応を獲得しながら関係を深め、LTV（顧客生産価値）を高めることを目指す戦略。顧客獲得（アクイジション）と顧客維持（リテンション）フェーズに分かれ、今では、顧客獲得フェーズはネットの運用型広告、顧客維持フェーズはCRMを中心に運用されている。顧客獲得と顧客維持がデータでつながり、広告のCRM化へ向かっていく。

〈強みと弱み〉

顕在顧客獲得に強く、即効性をもって売上向上に寄与する。投資対効果が可視化でき、PDCAを速く回せる。精緻なターゲティングが可能で複数の広告展開を同時に行える。一方で潜在客へのアプローチは弱い。テクノロジーに頼りすぎて、人の気持ちを動かす視点が弱いという指摘も。価値づくり、ブランドづくりは得意でない。

⑤ ＩＭＣ論：「接点」の統合が、人を動かす。

複数の接点を統合し、接点ごとに最適なメッセージを出し分ける戦略。お客さんの感情の流れを意識し、よい関係を結ぶカスタマージャーニーをつくり出すことが重要。

〈強みと弱み〉

複数の接点やメッセージをつなげることでお客さんとの関係強化が可能であり、ＫＰＩ（中間指標）で効果を測れる。接点を見つけるだけにとどまり、どう気持ちを動かすかの視点が弱いという批判あり。ＫＰＩを偏重しすぎて、手段が目的化する危険性も。

⑥ エンゲージメント論：「関与」が、人を動かす。

コンテンツやプラットフォームの形で情報を届け、受け手による自発的な関与を引き出す手法。「雑誌型」「キャンペーンセントリック型」「オールウェイズオン型」がある。

〈強みと弱み〉

お客さんの時間軸に合わせた関係構築が可能。ゆるい関与でも、深い関与でも意味がある。即効性がなく、継続的な活動のため手間がかかること、まだ効果の数値化が難しいことが課題。

⑦ クチコミ論：情報の「人づて」が、人を動かす。

急速に浸透したソーシャルメディアをプラットフォームにした、情報の「人づて」を活用する戦略。「ファンづくり」と「ムーブメントづくり」が目的。アドボケーツ（支持者）の果たす役割に注目。

〈強みと弱み〉

情報の量、信頼性、接触する順番の点で、近年パワフルさを増している。低予算で拡散する可能性があるものの、アンコントローラブルな部分が多く、戦略論としての確立が期待される。効果測定はまだ発展途上。

3つの時代と論争によって戦略論は発展してきた

こうして見てみると、コミュニケーション戦略が、いかにあの手この手でアプローチを広げてきたか、あらためて驚いてしまいますね。

さて、7つの戦略論が生まれていった理由は一言で説明すれば、コミュニケーション戦略を取り巻く環境にさまざまな変化があったから、といえるでしょう。環境の変化に対応する形で、戦略論も進化・分化しながら発展してきた、というわけです。

【コミュニケーション戦略を取り巻く環境変化】

・インターネットとソーシャルメディアの浸透
・コモディティ化
・低関与化
・物質的な豊かさの実現
・情報過多
・広告不信
・生活者優位
・コミュニケーションと経営との一体化

これまでは、7つの戦略論を「縦」の流れで掘り下げてきましたが、最終章では、さらに全体を俯瞰するために、時代ごとの「横」の視点も入れて整理していきましょう。また違った戦略論の見え方がするはずです。

戦略論をめぐる歴史は、大きく以下の3つの時期に分かれます。

第1期：1940～70年代　テレビ全盛時代の〈ハードセル・ソフトセル論争〉
第2期：1980～90年代　経営との一体化時代の〈相対価値・絶対価値論争〉
第3期：2000年代～　ネットコミュニケーション時代の〈購買意志決定モデル論争〉

時期ごとにどのような考え方の対立（論争）があり、それぞれの戦略論はどのように影響しあい、進化してきたのか。時代はまず、7つの戦略論の登場以前にさかのぼります。

3つの時代／論争と戦略論の歴史

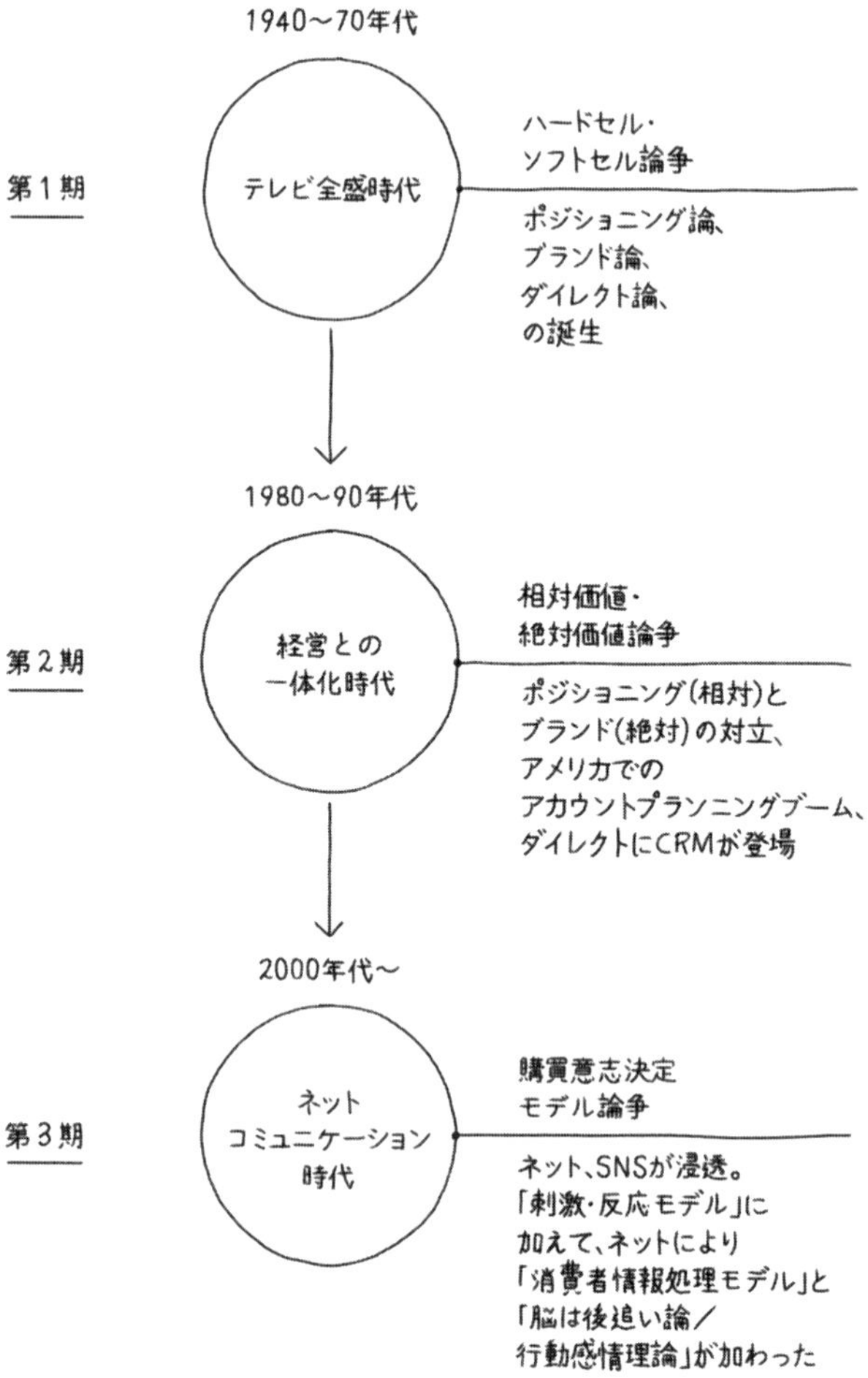

第1期：1940〜70年代
テレビ全盛時代のハードセル・ソフトセル論争

アメリカの広告業界では、第二次大戦前から長い間、商品の機能ベネフィットを直接的に訴求する「ハードセル」と、商品のよさを情緒的、イメージ的に訴求する「ソフトセル」のせめぎ合いが続いていました。ハードセルが行きすぎるとソフトセルへ、ソフトセルが行きすぎるとハードセルへ、振り子が揺れるように主導権を争っていたのです。

1940年代、ハードセル陣営のロッサー・リーブスが「USP（ユニーク・セリング・プロポジション）」という手法を編み出しました。USPとは、日本語でいえば「独自な売りの提案」。この製品を買えば、この便益（ベネフィット）が手に入りますよという具体的で機能的な訴求です。

1950年代から60年代にかけて、戦略論に変化が訪れます。時はテレビが娯楽の中心となり、クリエイティブ革命が起こった広告黄金時代。ハードセル・ソフトセル論争の延長線上に、7つの戦略論のうちの3つ、「ポジショニング論」「ブランド論」「ダイレクト論」

1940〜70年代／テレビ全盛時代　ハードセル・ソフトセル論争

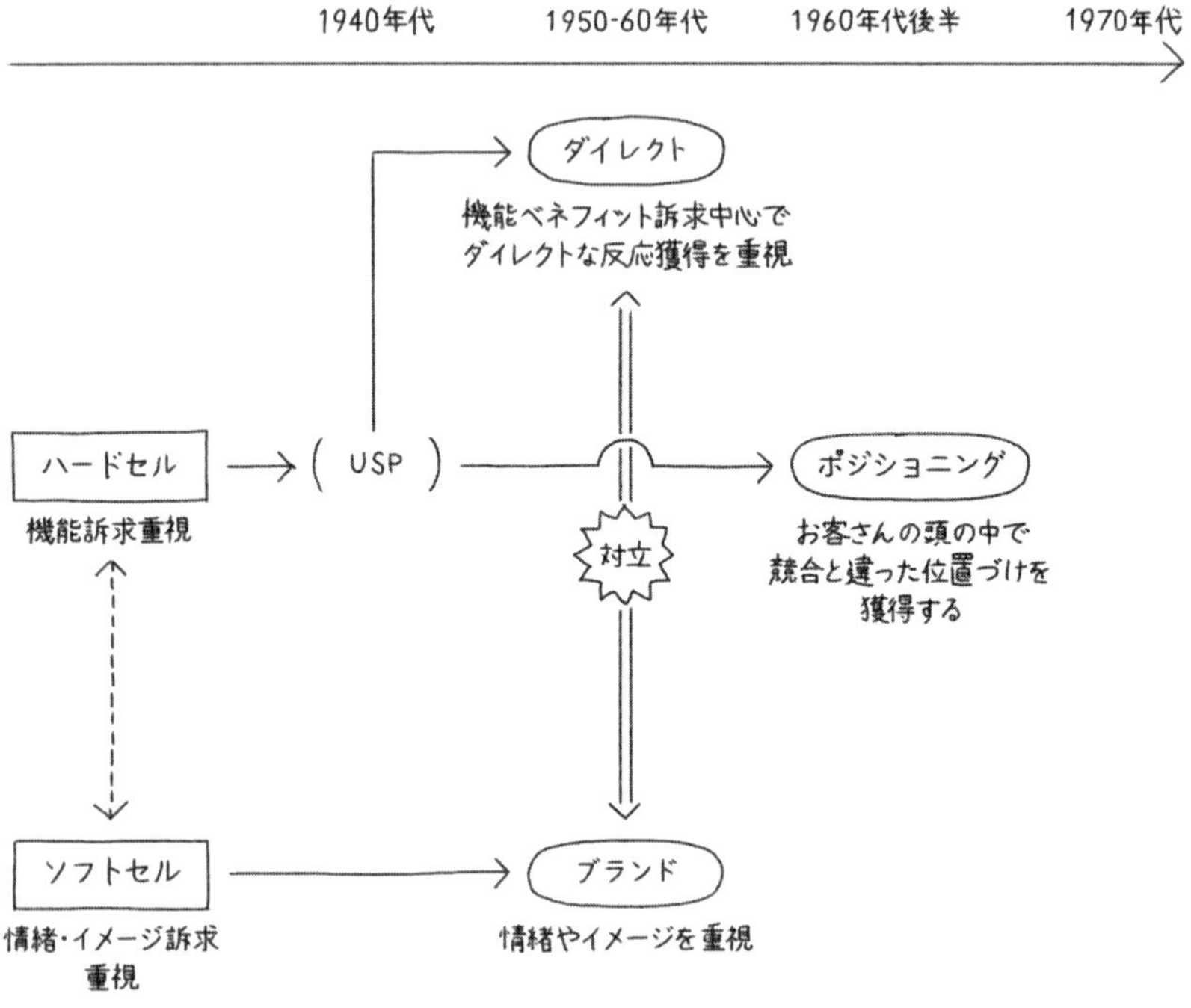

の原型が誕生しました。

ハードセルの系譜は2つに枝分かれします。ひとつは、レスター・ワンダーマンが1961年に提唱した「ダイレクトマーケティング」。ハードセルをより先鋭化し、問い合わせなどお客さんからの直接的な反応の獲得を重視した手法です。もうひとつは物性や機能で差別化することが難しくなったことから、お客さんの頭の中での位置づけの違いを獲得しようという「ポジショニング論」です。

それに対し、ソフトセルの系譜では、商品の持つ情緒やイメージを重視する流れから「ブランド論」が生まれます。中心人物はクリエイティブ革命をリードしたデイヴィッド・オグルヴィやレイモンド・ルビカムなど。

ブランド論はその後、80～90年代に「ブランドエクイティ論」、90年代に「ブランドアイデンティティ論」、2000年代に「ブランドエクスペリエンス論」へと進化しますが、一貫して重視しているのは「情緒価値」。ブランド価値規定をつくる際、僕たちプランナーが多くの時間を割き、頭を悩ますのが、この情緒価値です。

ブランド広告とダイレクト広告では、テレビ、雑誌、新聞といった同じメディアを使っていても、キャッチコピーやグラフィックの佇まいが異なります。お客さんの頭の中に良好な連想構造をつくる「ブランド論」と、お客さんの反応喚起を狙う「ダイレクト論」は、思想も目的も違うため、長く共存・対立関係にありました。

そして、この関係はダイレクトの主戦場がネットに移ってからも続いているように思えます。かつてのハードセル・ソフトセル論争が形を変えたものといえるでしょう。

ちなみにポジショニング論は、ハードセル→USPの系譜にありますが、軸のつくり方によって、機能ベネフィットの差別化にも、情緒の差別化にも使われる戦略論。ハードセルとソフトセルどちらの視点も内包していて使い勝手がよく、いまだに主流とされる息の長い戦略論になっています。

第2期：1980〜90年代
経営との一体化時代の相対価値・絶対価値論争

ポジショニング、ブランド、ダイレクトは、ハードセル・ソフトセルを背景にした対立したアプローチと書きましたが、実は「送り手主導」という意味では、同じベクトル上にある理論といえるでしょう。

しかし、1980年代以降、世界中で市場が成熟し、ますます商品の差別化が困難になるなか、お客さんが関心を持って広告を見てくれないという悩みが深まりました。するとそうしたアプローチもいよいよ曲がり角を迎えます。

そこで登場したのが「アカウントプランニング論」。広告への信頼が低下し、主導権がどんどん消費者へと移っていくなかで、受け手＝お客さんの心理からチャンスを見つけていこうという考え方です。

もともとアカウントプランニングは1960年代にロンドンで生まれ、80年代にアメリカで花開いた、消費者の「深層心理」＝インサイトを重視した戦略論。消費者心理や行動を広告開発のすべてのステップに反映させることを目的にした、いわば広告を経営に近づけていくことを重視したアプローチです。

また、この時代には「CRM（カスタマー・リレーションシップ・マネジメント）」も登場。ダイレクト論の文脈の中で、顧客接点での情報を統合して管理し、お客さんとの長期的な関係をつくる経営的な視点が生まれました。

1980〜90年代／経営との一体化時代　相対価値・絶対価値論争

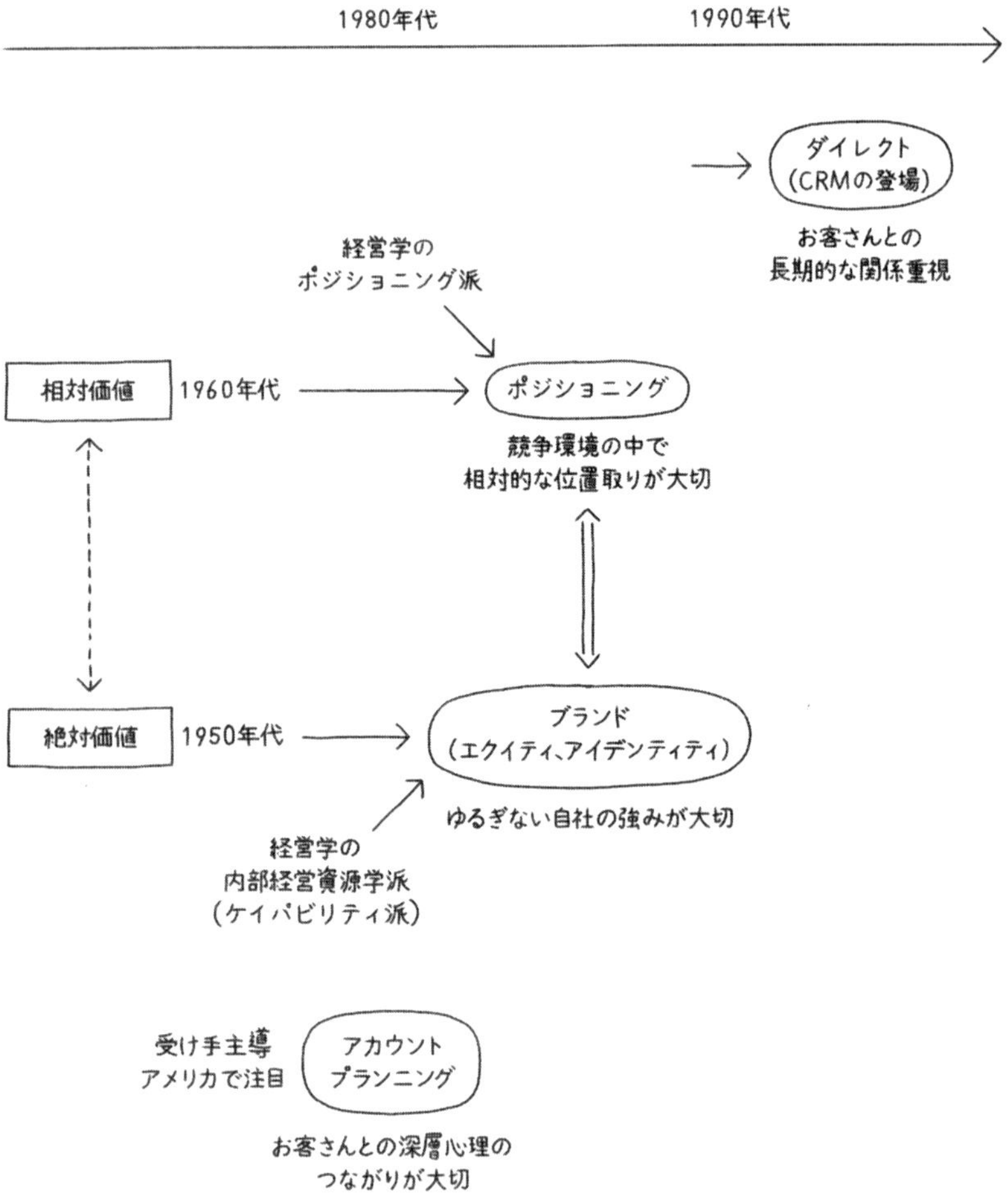

そして、忘れてはいけないのが、ブランド論の進化でしょう。ブランドは資産であり（ブランドエクイティ論）、ゆるぎない「らしさ」の記憶である（ブランドアイデンティティ論）というふうに変化していったのです。

ブランドエクイティ論登場の裏には、経営学における「ポジショニング派」と「内部経営資源学派（ケイパビリティ派）」の論争がありました。

経営学者のマイケル・ポーターを中心とするポジショニング派は、外部の競争環境を見て、儲かる市場で儲かる戦いをすべきという考え方。1960～80年代に主流とされていた、価値を相対的に捉えるアプローチです。

一方、これに対抗して1980年代に登場した内部経営資源学派は、企業内部にある自社の強みを大切にして、それが生かせるところで戦うべきだという考え方。実は、ブランドエクイティ論を唱えたデイヴィッド・アーカーは経営学の博士号を取得しており、内部経営資源学派に分類されるといわれています。

ちなみに、内部経営資源学派の代表的なテキストは、トム・ピーターズとロバート・ウォーターマンの『エクセレント・カンパニー』（1982年）、ゲイリー・ハメルとC・K・プラハラードの『コア・コンピタンス経営』（1994年）、ジム・コリンズの『ビジョナリーカンパニー』(1994年)など。きっと、ビジネス戦略に詳しい人なら聞いたことがあるでしょう。

「コア・コンピタンス」とは、他社にないその企業の中核となる能力のことで、言い換えれば、ゆるぎない「らしさ」。つまり、それまでのブランド論を内部経営資源学派の思想を背景に進化させたのが、ブランドエクイティ論というわけです。

第3期:2000年代〜
ネットコミュニケーション時代の購買意志決定モデル論争

2000年代に入ると、ネットの浸透とともに、お客さんの購買意志決定モデルそのものが大きく変わっていきました。

もっとも古い購買意志決定モデルは、心理学で言うところの「刺激-反応モデル」。1960年代後半に確立した消費者行動論で、外部からの刺激=メッセージによって、購買という反応が生まれるとする考え方です。

簡単にいえば、何か効果的なメッセージを「伝える」ことができれば、購買に誘えるということ。マス広告はもともと、この刺激－反応モデルを前提にしています。

これに対して、1970年代後半に生まれたのが「消費者情報処理モデル」。消費者は自分が欲しいものを手に入れたり、問題を解決したりするために情報を収集し、精査し、購買に至るというものです。

一般的に、自動車、パソコン、AV機器など高価で専門性の高い製品ほど消費者の関与は高くなり、調べて学びながら選択する消費者情報処理モデルの購買行動となります。

では、2000年代以降、急速に伸びたダイレクト型のネット広告はどうでしょう。そもそもネット広告は、検索というユーザーの情報探索行動に付随したものが多いですし、2000年以降に登場した、複数の接点をつなぎ、接点ごとに最適メッセージを出し分ける「IMC論」（カスタマージャーニーなど）は、能動的な個の情報検索行動を前提に、どうやって情報を差し込んでいくかを考える手法ですから、まさに消費者情報処理モデルに合った広告といえます。

さらに2005年以降、SNSが一般化すると、情報が過剰にあふれるようになり、ま

2000年代／ネットコミュニケーション時代　購買意志決定モデル論争

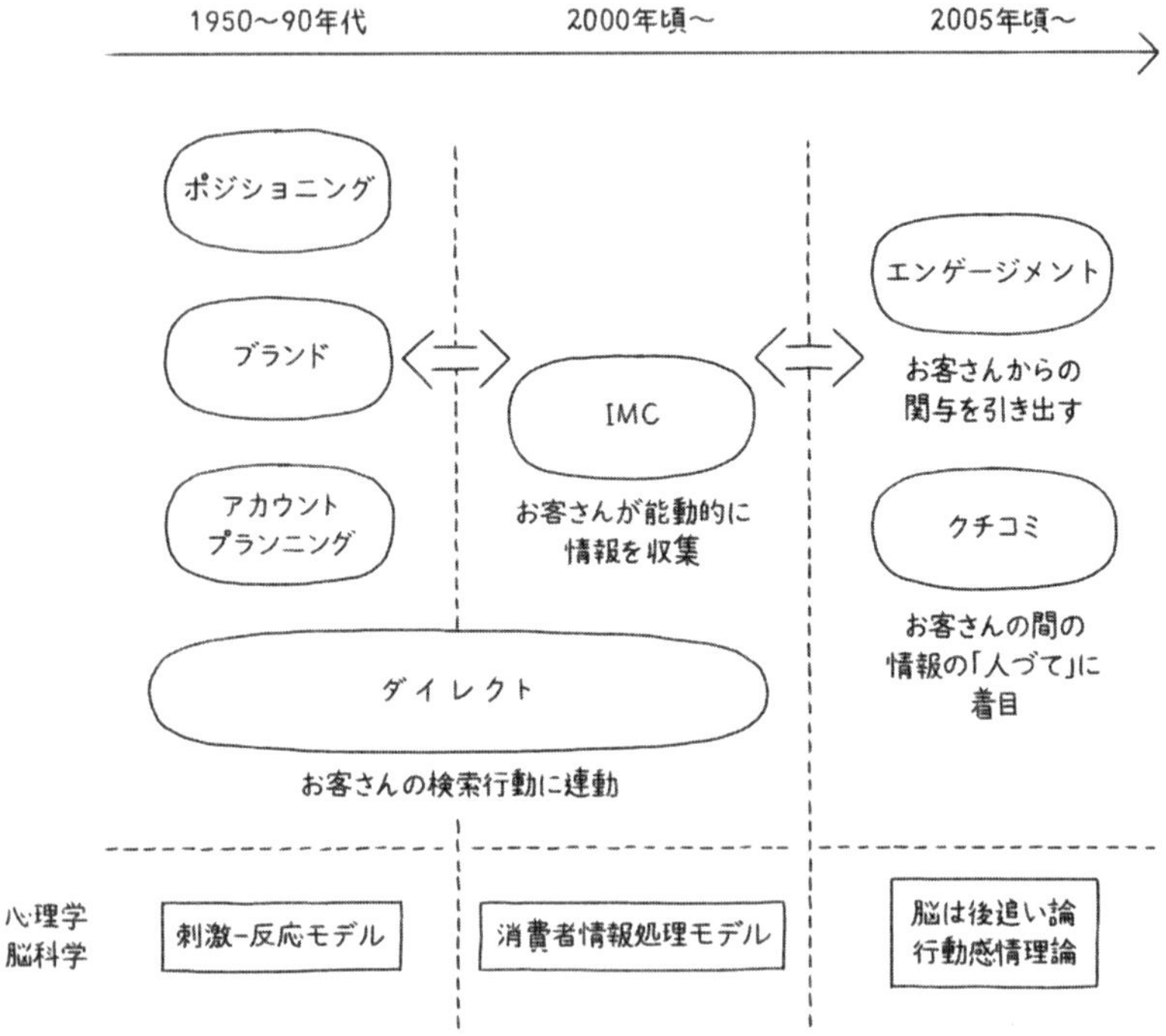

すます広告による刺激にも反応せず、また情報収集行動もしてもらえないカテゴリーやブランドが出てきました。

そこで生まれたのが、「エンゲージメント論」であり「クチコミ論」です。メッセージを伝えて「意識」に働きかけ、「行動」を促すという順番ではなく、まず顧客に関与、参加させることで、なんとかして〝自分ごと化〟してもらう。そうしてブランドへの理解や共感を高めてもらうことで、結果として購買に結びつけるというアプローチです。最近ではアクティベーションとか、行動喚起型という言い方もされますね。

ちなみに、ある脳科学の研究によれば、「感情は行動の後追いをする」のだそう。また、心理学にも同じように「人は悲しいから泣くのではなく、泣くから悲しいのだ」という言葉を残したジェームズ・ランゲの「行動感情理論」があります。

エンゲージメント論やクチコミ論のベースには、近年、脳科学や心理学で語られる「行動が感情をつくる」という思想がある。僕はそう考えています。

戦略論の組み合わせ方は「外から内」「内から外」が基本

このような歴史を経て今、7つの戦略論は、どれかが廃れて次の理論に切り替わるのではなく、すべて生き残っています。冒頭にも書いたとおり、戦略論は折り重なり、「7層構造のミルフィーユ」になっているわけです。

なぜかといえば、3つの論争にけりがついておらず、どの戦略論も「正しい」から。ハードセル・ソフトセル論争は永遠に続くテーマのようですし、いくら受け手主導に向かっているとはいっても、送り手主導の広告手法はまだまだ多くの成功事例を生み出しています。相対的価値・絶対的価値のどちらも説得力がありますし、刺激－反応モデルも、消費者情報処理モデルも、行動感情理論も、それぞれ現実の消費行動を表していて、どれかひとつに絞ることができません。

こうやって見てみると、戦略論の歴史は人を動かすアプローチが拡大してきた歴史であり、人が行動を起こすよう顧客心理に働きかける「心理工学」の発展史であることが、あらためてわかりますよね。

アウトサイドイン型とインサイドアウト型

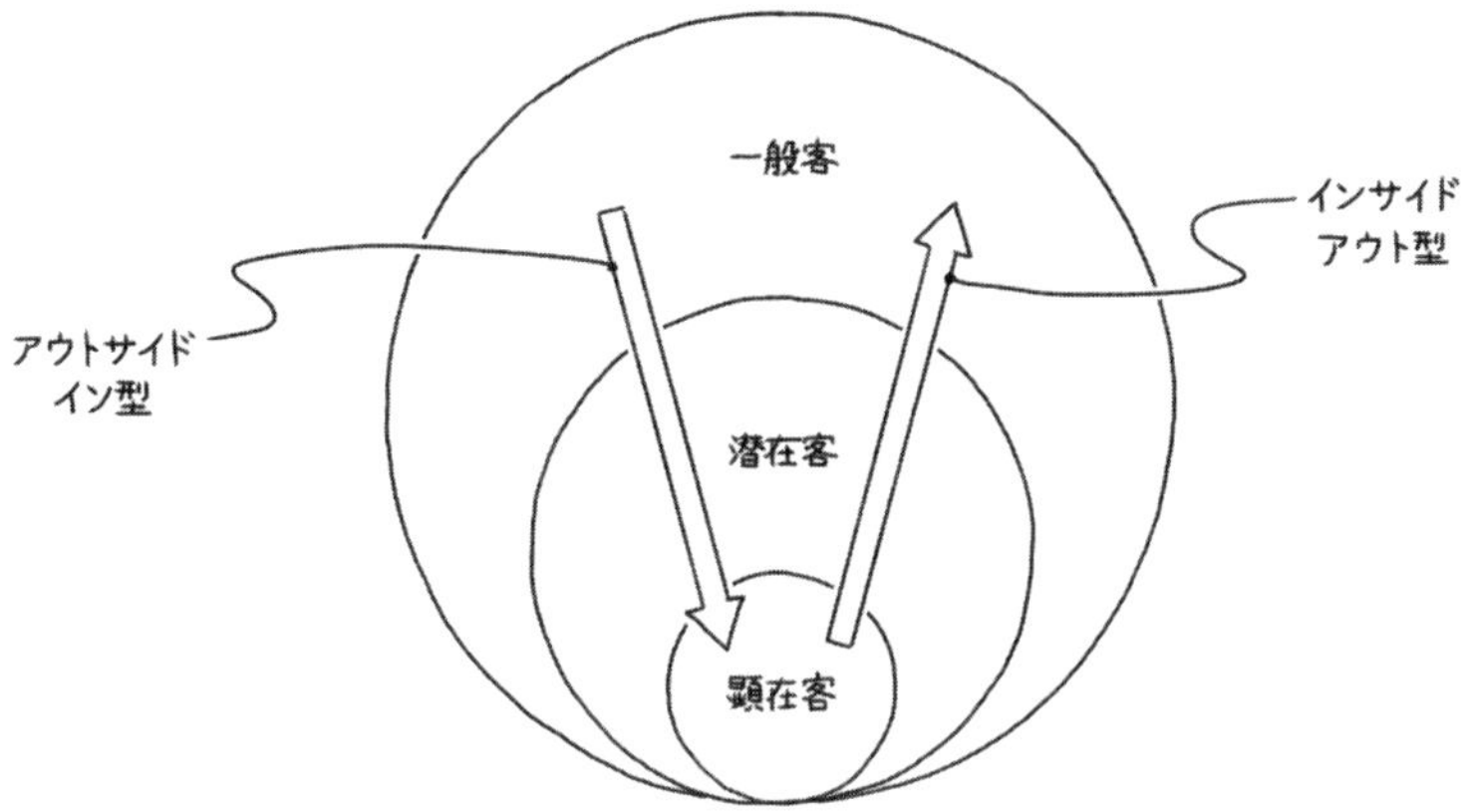

では、それぞれ強みと弱みを持った7つの戦略論は、実際にはどのように組み合わされているのでしょう。今のところ一般的なのは、「アウトサイドイン型」と「インサイドアウト型」という2つの考え方です。

アウトサイドイン型は、言葉のとおり「外から内へ」。広告で広く投網をかけて、できるだけ遠く（アウトサイド）からお客さんを引き込んで、最後は取りこぼしなく販売に落とし込む。マスブランディングを出発点とするタイプです。

戦略の最初のフェーズは、ブランド論、ポジショニング論を使って、メッセージやクリエイティブを開発するところから始めます。マス広告が起点になるため、大きな予算が必要で、広い層の認知、理解を獲得できる一方で、購買導線までのつなぎ込みが弱かったり、マスキャンペーンと時間軸が合わないお客さんが出てしまうという弱点がありました。

そのため現在では、情報収集行動をする人に向けたエンゲージメント施策や、検索した人をきっちり獲得するダイレクト（運用型広告）を受け皿として準備しておくことが当たり前になっています。

インサイドアウト型は、反対に「内から外へ」。購買に近いお客さんをできるだけ効率よく獲得して、獲得効率などを見ながら徐々にターゲットを広げていく、運用型広告を出発点とするタイプです。

メインで活用するのはダイレクト論で、細かくKPIを設定し、運用（PDCA）でメディア配分とクリエイティブを改善し、絶えず最適化していくのが基本フレーム。加えて、潜在顧客を育成するためのエンゲージメント施策を行ったり、需要期の顧客拡大やライトユーザーを取り込むためのテレビCMを打ったりと、マス広告も活用していきます。

両型とも、表面的にはマスからネットまで、いろいろな広告を組み合わせているだけにも見えますが、実は戦略的な力点や優先順位は違うことがわかりますよね。

僕たちマーケター／プランナーは今、何をするべきか

さて、7つの〝流派〟を巡る旅も、いよいよおしまいに近づいてきました。最後は、僕たちマーケター／プランナーは何をすべきか、という話。「戦略をどうつくっていくべきか」と「戦略論をどう進化させていくべきか」の2つの視点で、僕なりの考えを書いてみたいと思います。

まずは、目の前の個別ブランドの戦略をどう生み出していけばいいのか？

その鍵は、7つの戦略論を組み合わせた新しいコミュニケーションモデルの「発明」にあります。戦略論をどう組み合わせるかは、カテゴリー、ブランド、マーケティングフェーズごとに異なります。「アウトサイドイン型」や「インサイドアウト型」は、あくまで大きな方向性のベースというだけで、一つひとつのブランドには最適な戦略論の組み合わせがあるはず。

最新のメディアやテクノロジー、データも活用しながら、課題に合わせてアラカルトで

戦略を組み立てていく。まさにプランナーの知恵の絞りどころであり、僕たちの統合的な戦略眼が問われるところといえるでしょう。

次に、「戦略論」をどう進化させていくべきか？

コミュニケーション環境に関して間違いなくいえるのは、インターネットとデジタルテクノロジーが、ブランドと生活者の関係性を革新していくということです。さまざまな領域において境目がなくなり「すべてがつながっていく」。コミュニケーションに関わる「テクノロジー」と「ビジネス」は、明らかにそれを志向しているように思えます。

キーワードは「シームレス化」です。

・行動データがシームレスに

オンライン上で把握できるお客さんの行動データについては、すでにずいぶん統合が進んでいます。今後、購買データやメディア視聴データなどオフラインのデータの把握やつなぎ込みがより進み、最終的にはそれらすべてのデータがつながっていくでしょう。

・モノと広告がシームレスに

「モノ」がインターネットに接続され、データ交換されるようになります。私たちのまわりを取り囲むあらゆるモノが、「モノ」であり、「通信」であり、「広告」でもあるという状態に少しずつ近づいていくでしょう。

・テレビとネットがシームレスに

コンテンツにしても、視聴態度にしても、実はもうテレビとネットの間にあまり違いはありませんよね。事実、すでにアメリカでは通信と放送の融合が進んでいます。どういう形かはわかりませんが、日本もテレビとネットの垣根がなくなる方向へ進んでいくでしょう。

・販売がシームレスに

実店舗やオンラインストアをはじめとするあらゆる販売チャネルが、決済も含めて統合され、いつでもどこでもモノが買える状態になるでしょう。

・人とコンピューターがシームレスに

すでにネットのメディア最適化やクリエイティブの一部を人工知能に頼っているように、今後は接客サービスなどもロボットが担うようになります。そのとき、人間が担う役割は何なのかが問われるでしょう。

お客さんとの継ぎ目のない「全接点化」と、その裏側にある「行動データ把握」は当たり前になる。とはいえ、ただ接点がつながっただけ、行動がわかっているだけではどうしようもありません。人をどう動かすのかという戦略アイデアがますます重要になります。

7つの戦略論はいずれも、さらなる進化を必要としています。

まだ生まれたばかりのエンゲージメント論やクチコミ論は、ソーシャルメディアなどプラットフォームが先行していて、戦略論としての理論体系がまだ確立していません。

ダイレクト論、IMC論にも、行動データ分析という新しい武器を手に入れたものの、テクノロジー頼みで、心を動かす視点が弱いという指摘があります。

伝統的なブランド論、ポジショニング論、アカウントプランニング論にしても、ネット／SNS時代に対応することが求められています。

もちろん8番目の新たな戦略論が登場する可能性だってあるでしょう。僕たちは、現場での取り組みを通じて「戦略論」そのものの革新にもチャレンジしていくべきなのです。

「人を動かす」ことは何より難しい。

それがますます難しい時代になってきたからこそ、コミュニケーション戦略が、7つのアプローチの違う流派に枝分かれしてきたわけです。

最後に、あらためて心に留めておきたいのは、僕たちは「お客さんの『心』をどう動かすか」「お客さんとの『関係』をどうつくっていくか」という心理工学としての原点を、もっと強く意識すべきだということ。

マーケター／プランナーがそれを忘れてしまったら、コミュニケーションはとてもつまらないものになってしまう。逆に、僕たちが正しい役割を果たせば、コミュニケーションはこれまで以上に人を動かす力を持てるはず。

人間を見つめれば、道はきっと拓ける。

そして、難しいがゆえに、それができたときの喜びも大きい。

僕たちは、そんなエキサイティングな時代を生きていると思います。

参考文献

●プロローグ

ピーター・ドラッカー著、上田惇生編訳『マネジメント[エッセンシャル版]―基本と原則』(ダイヤモンド社、2001年)

●ポジショニング論

アル・ライズ/ジャック・トラウト共著/フィリップ・コトラー序文著、川上純子訳『ポジショニング戦略[新版]』(海と月社、2008年)

アル・ライズ/ジャック・トラウト共著、新井喜美夫訳『売れるもマーケ　当たるもマーケ　マーケティング22の法則』(東急エージェンシー出版部、1994年)

ケネス・ローマン著、山内あゆ子訳『デイヴィッド・オグルヴィ　広告を変えた男』(海と月社、2012年)

酒井光雄編著、武田雅之著『全史 × 成功事例で読む「マーケティング」大全』(かんき出版、2014年)

ジョアン・マグレッタ著、櫻井祐子訳『[エッセンシャル版]マイケル・ポーターの競争戦略』(早川書房、2012年)

チャールズ・ヤン著『広告の科学』(中央公論社、1973年)

平久保仲人/松前景雄共著『アメリカの広告業界がわかればマーケティングが見えてくる』(日本実業出版社、2002年)

マイケル・ポーター著、土岐坤/服部照夫/中辻萬治訳『[新訂]競争の戦略』(ダイヤモンド社、1995年)

マイケル・ポーター著、土岐坤/中辻萬治/小野寺武夫訳『競争優位の戦略―いかに高業績を持続させるか』(ダイヤモンド社、1985年)

ロッサー・リーブス著、加藤洋一監訳、近藤隆文訳『USP　ユニーク・セリング・プロポジション　売上に直結させる絶対不変の法則』(海と月社、2012年)

●ブランド論

青木幸弘／電通ブランドプロジェクトチーム共著『ブランド・ビルディングの時代―事例に学ぶブランド構築の知恵』(電通、1999年)

阿久津聡／石田茂共著『ブランド戦略シナリオ　―コンテクスト・ブランディング―』(ダイヤモンド社、2002年)

アル・ライズ／ローラ・ライズ共著、片平秀貴監訳『ブランディング22の法則』(東急エージェンシー出版部、1999年)

宇佐美清／かりやひろこ共著『USAMIのブランディングノート』(トランスワールドジャパン、2009年)

宇佐美清著『USAMIのブランディング論』(トランスワールドジャパン、2006年)

楓セビル著「マジソンアベニューをつくったアドマンとアドウーマンたち」(AD STUDIES　VOL.33、2010年)

カーマイン・ガロ著、井口耕二訳、外村仁解説『アップル驚異のエクスペリエンス　顧客を大ファンに変える「アップルストア」の法則』(日経BPマーケティング、2013年)

グロービス／武井涼子共著『ここからはじめる実践マーケティング入門』(ディスカヴァー・トゥエンティワン、2015年)

ケビン・レーン・ケラー著、恩蔵直人／亀井昭宏訳『戦略的ブランド・マネジメント』(東急エージェンシー出版部、2000年)

フィリップ・コトラー／ヘルマワン・カルタジャヤイワン・セティアワン共著、恩蔵直人監訳、藤井清美訳『コトラーのマーケティング3.0　ソーシャル・メディア時代の新法則』(朝日新聞出版、2010年)

ジャン・ノエル・カプフェレ著、博報堂ブランドコンサルティング監訳『ブランドマーケティングの再創造』(東洋経済新報社、2004年)

田邊学司著、小野寺健司編著、三浦俊彦／萩原一平監修『なぜ脳は「なんとなく」で買ってしまうのか?』(ダイヤモンド社、2013年)

デイヴィッド・アーカー著、陶山計介／中田善啓／尾崎久仁博／小林哲訳『ブランド・エクイティ戦略―競争優位をつくりだす名前、シンボル、スローガン―』(ダイヤモンド社、1994年)

デイヴィッド・アーカー著、陶山計介／小林哲／梅本春夫／石垣智徳訳『ブランド優位の戦略―顧客を創造するBIの開発と実践―』(ダイヤモンド社、1997年)

デイヴィッド・オグルヴィ著、山内あゆ子訳『ある広告人の告白[新版]』(海と月社、2006年)

デイヴィッド・オグルヴィ著、山内あゆ子訳『「売る」広告[新訳]』(海と月社、2010年)
西尾忠久著『効果的なコピー作法』(誠文堂新光社、1983年)
博報堂ブランドデザイン著『ブランドらしさのつくり方　五感ブランディングの実践』(ダイヤモンド社、2006年)
室井淳司著『体験デザインブランディング―コトの時代の、モノの価値の作り方―』(宣伝会議、2015年)

●アカウントプランニング論
桶谷功著『インサイト　消費者が思わず動く、心のホット・ボタン』(ダイヤモンド社、2005年)
小林保彦著『広告ビジネスの構造と展開―アカウントプランニング革新―』(日経広告研究所、1998年)
ジョン・スティール著、丹治清子/牧口征弘/大久保智子訳『アカウント・プランニングが広告を変える―消費者をめぐる嘘と真実―』(ダイヤモンド社、2000年)
Stephen King 著、Judie Lannon/Merry Baskin 編『A MASTER CLASS IN BRAND PLANNING:THE TIMELESS WORKS OF STEPHEN KING』(WILEY、2007年)

●ダイレクト論
村山徹/三谷宏治/アクセンチュア/CRMグループ/戦略グループ共著『CRM　顧客はそこにいる[増補改訂版]』(東洋経済新報社、2001年)
阿部圭司/岡田吉弘/寳洋平共著『いちばんやさしいリスティング広告の教本　人気講師が教える利益を生むネット広告の作り方』(インプレス、2014年)
加藤公一レオ著『単品通販　“売れる”インターネット広告』(日本文芸社、2007年)
加藤公一レオ著『ネット広告&通販の第一人者が明かす　100%確実に売上がアップする最強の仕組み』(ダイヤモンド社、2015年)
JPメディアダイレクト編著、日本ダイレクト・メール協会監修『DMA　国際エコー賞　完全ガイドブック2013』(日経BPコンサ

ルティング、2013年）
ダン・ケネディ著、神田昌典監訳、齊藤慎子訳『究極のマーケティングプラン』（東洋経済新報社、2007年）
菅原健一／有園雄一／岡田吉弘／杉原剛共著『ザ・アドテクノロジー　データマーケティングの基礎からアトリビューションの概念まで』（翔泳社、2014年）
ドン・ペパーズ／マーサ・ロジャーズ共著、井関利明監訳、ベルシステム24訳『ONE to ONEマーケティング―顧客リレーションシップ戦略―』（ダイヤモンド社、1995年）
中澤功著『体系　ダイレクトマーケティング―基本理論と実践技術』（ダイヤモンド社、2005年）
橋本陽輔著『社長が知らない　秘密の仕組み』（ビジネス社、2008年）
電通ダイレクト・プロジェクト監修『先頭集団のダイレクトマーケティング』（朝日新聞出版、2011年）
レスター・ワンダーマン著、藤田浩二監訳、電通ワンダーマン監修『ワンダーマンの「売る広告」顧客の心をつかむマーケティング』（翔泳社、2006年）

●IMC論

高広伯彦著『インバウンドマーケティング』（ソフトバンククリエイティブ、2013年）
ドン・シュルツ／ハイジ・シュルツ共著、博報堂タッチポイント・プロジェクト訳『ドン・シュルツの統合マーケティング―顧客への投資を企業価値の創造につなげる』（ダイヤモンド社、2005年）
横山隆治著『トリプルメディアマーケティング　ソーシャルメディア、自社メディア、広告の連携戦略』（インプレスジャパン、2010年）
ラリー・パーシー著、小林太三郎監訳、中山勝己／清水公一訳『実践・IMC戦略』（日経広告研究所、1999年）

●エンゲージメント論

池田紀行／山崎晴生共著『次世代共創マーケティング』（SBクリエイティブ、2014年）
ヴォルフガング・ヒュアヴェーガー著、楠木建解説、長谷川圭訳『レッドブルはなぜ世界で52億本も売れるのか　爆発的な成長を遂げ

た驚異の逆張り戦略』（日経BP社、2013年）
京井良彦著『つなげる広告　共感、ソーシャル、ゲームで築く顧客との新しい関係性』（アスキー・メディアワークス、2012年）
京井良彦著『ロングエンゲージメント　なぜあの人は同じ会社のものばかり買い続けるのか』（あさ出版、2011年）
トニー・シェイ著、本荘修二監訳、本荘修二／豊田早苗訳『顧客が熱狂するネット靴店　ザッポス伝説―アマゾンを震撼させたサービスはいかに生まれたか』（ダイヤモンド社、2010年）
博報堂DYグループエンゲージメント研究会著『「自分ごと」だと人は動く―情報がスルーされる時代のマーケティング』（ダイヤモンド社、2009年）

●クチコミ論

アンディ・セルノヴィッツ著、花塚恵訳『WOMマーケティング入門』（海と月社、2010年）
グレン・アーバン著、山岡隆志訳、スカイライトコンサルティング監訳『アドボカシー・マーケティング　顧客主導の時代に信頼される企業』（英治出版、2006年）
佐藤尚之著『明日のコミュニケーション　「関与する生活者」に愛される方法』（アスキー・メディアワークス、2011年）
佐藤尚之著『明日のプランニング　伝わらない時代の「伝わる」方法』（講談社、2015年）
中山領著『コミュニティマネージャーの仕事』（翔泳社、2014年）
本田哲也／池田紀行共著『ソーシャルインフルエンス　戦略PR×ソーシャルメディアの設計図』（アスキー・メディアワークス、2012年）
山本晶著『キーパーソン・マーケティング　なぜ、あの人のクチコミは影響力があるのか』（東洋経済新報社、2014年）

●全般

青木幸弘著『消費者行動の知識』（日本経済新聞出版社、2010年）
池谷裕二著『脳には妙なクセがある』（扶桑社、2012年）

岸勇希著『コミュニケーションをデザインするための本』(電通、2008年)
佐藤尚之著『明日の広告　変化した消費者とコミュニケーションする方法』(アスキー、2008年)
高広伯彦著『次世代コミュニケーションプランニング』(ソフトバンククリエイティブ、2012年)
ヘンリー・ミンツバーグ／ブルース・アルストランド／ジョセフ・ランペル共著、齊藤嘉則監訳、木村充／奥澤朋美／山口あけも訳『戦略サファリ』(東洋経済新報社、1999年)
星野克美編著、村田昭治監修『新マーケティング学シリーズ　文化・記号のマーケティング』(国元書房、1993年)
三谷宏治著『経営戦略全史』(ディスカヴァー・トゥエンティワン、2013年)
湯川鶴章著『次世代マーケティングプラットフォーム』(ソフトバンククリエイティブ、2008年)
横山隆治／榮枝洋文共著『広告ビジネス次の10年』(翔泳社、2014年)
横山隆治／菅原健一／楳田良輝共著『DSP／RTBオーディエンスターゲティング入門 ビッグデータ時代に実現する「枠」から「人」への広告革命』(インプレスR&D、2012年)
横山隆治／菅原健一／草野隆史共著『顧客を知るためのデータマネジメントプラットフォーム DMP入門』(インプレスR&D、2013年)
日経デジタルマーケティング編『日経BPムック　最新マーケティングの教科書2016』(日経BP社、2015年)
ウィキペディア　https://ja.wikipedia.org
ウェブ電通報　http://dentsu-ho.com
業界人間ベム　http://g-yokai.com
宣伝会議デジタルマガジン　http://mag.sendenkaigi.com
ソーシャルメディアマーケティングラボ　http://smmlab.jp
デジタルマーケティングラボ　http://dmlab.jp
電通ワンダーマン　コラム　http://www.wunderman-d.com/column

あとがき

最後までお読みいただき、ありがとうございました。

この本を通して「コミュニケーション戦略って面白いなあ」「難解だと思っていた『戦略』がすっきり理解できて、自分の仕事に役立ちそうだ」と感じてもらえていたら本望です。

戦略論の本を書きたいと思ったのはいつ頃からだったのだろう？

執筆の最中に思い返してみたのですが、それは僕がこの仕事に就いてまもなく、まだ駆け出しの頃だったと気づきました。

僕が博報堂に入社した１９９７年は、ちょうどブランドエクイティという言葉が流行りだしていた頃。先輩たちが書いていた企画書には、ポジショニングマップを用いた「ポジショニング論」のものもあれば、ブランドのアイデンティティを規定した「ブランド論」のものもあったように記憶しています。

その頃から「どっちも正しいけど、根底にある思想が違うので、厳密には論理の整合性がとれていないのでは」と、密かにもやもやしていました。

その後、アカウントプランニングやインサイトが日本に紹介され、普及活動などのただ中にいたときも、「また違った思想のものがやってきたな」という想いを持っていて、「いつか俯瞰した視点から戦略の流派の違いを整理したいな」と、うっすら考えていた気がします。

「今、書かないと！」と、その気持ちが急激に高まったのは、前著『ブレイクスルー　ひらめきはロジックから生まれる』（共著、宣伝会議）を書き終えたあとのこと。SNSを含めたウェブでのコミュニケーションの可能性が広がって、戦略ワードが入り乱れている今だからこそ、戦略論の歴史をひも解き、流派を整理することが必要なのではと感じたのです。

そして、雑誌『ブレーン』編集者の刀田聡子さんに相談して、2014年7月から雑誌『宣伝会議』で連載させてもらったものが、この本の雛形になりました。

もともと、流派の分類と時代変遷のイメージはある程度あったものの、書けば書くほど、調べれば調べるほど、いろんな事実やつながりがわかってきて、「なるほど！」「そういうことだったのか！」と、もやもやしていた気持ちが晴れる面白さを感じながら、執筆しました。

ここで僕の肩書についても少し書いておきます。

名刺上の肩書は「アカウントプラナー」。普通は「プランナー」と表記することも多いですが、英国流だと「プラナー」となります。古巣の博報堂は英国系のプランナーたちから学んで、アカウントプランニングを導入してきたので、僕はこちらの表記のほうがしっくりくるなと感じて、独立時からそう名乗っています。

ただ、今やこの本で紹介した7つの戦略領域すべてを統合していくのが仕事なので、最近、どんな肩書がいいのか、ちょっとわからなくなっていますが（笑）。

この本は、雑誌『宣伝会議』での連載中から、それぞれの領域のトッププランナーにインタビュー取材し、示唆やヒントをいただきながら完成したものです。これだけ広範な戦略領域をカバーできたのは、みなさんの協力があったからにほかなりません。以下の方々には、深く感謝を述べたいと思います。

サイバーエージェント／クリエイティブソリューション局局長の安藤達也さん、デコム／代表取締役の大松孝弘さん、SONAR／アカウントプランナーの岡崎孝太郎さん、売れるネット広告社／代表取締役の加藤公一レオさん、ソニー・ライフケア／マネージャー（ソニー銀行より出向）の河原塚徹さん、アイレップ／取締役CBDOの北爪宏彰さん、多摩美術大学の佐藤達郎教授、一般社団法人日本ダイレクトメール協会／専務理事の椎名昌彦さん、WHITE／マーケティングディレクターの柴田要さん、ベストインクラスプロデューサーズ／代表取締役社長の菅恭一さん、Facebook Japan／執行役員の須田伸さん、東急エージェンシー／ビジネス創造センター本部長の高坂俊之さん、平塚元明事務所／マーケティングプランナーの平塚元明さん、NAKED CLUE／アカウントプランナーの堂森知博さん、グレイワールドワイド／ストラテジックプランニングディレクターの名古屋さん、大広ダイレクトマーケティング総合研究所／所長の松浦信裕さん、ADK／コミュニケーション・アーキテクト本部長の八嶋実さん、デジタルインテリジェンス／代表取締役の横山隆治さん、Twitter Japan／ヘッド・オブ・ブランドストラテジーの渡辺英輝さん（五十音順）

また、博報堂入社時のトレーナーであり、それからずっとお世話になっている博報堂ケトル／共同ＣＥＯの木村健太郎さんには、全編にわたって目を通していただき、貴重なアドバイスをたくさんいただきました。本当にありがとうございます。

リサーチに関しては新井まり子さん、小林達仁さん、西川龍之介さんにサポートしてもらいました。どうもありがとう。

ただでさえ難解なイメージがある戦略論をどうわかりやすく伝えるかは、この本の大きなテーマのひとつでした。それをデザインの力で解決してくれた、ブックデザインの寄藤文平さん、新垣裕子さん。僕の「手書き」をさらに見やすいチャートにしてくれたデザイナーの浜名信次さん。

フリー編集者の井上健太郎さんには連載時からずっと並走してもらい、わかりやすく楽しい文章にするために多大な力を発揮していただきました。壁にぶつかったとき、幾度助けられたかわかりません。また雑誌連載時の編集担当、鈴木洋平さん。連載のきっかけをつくり、この本の完成に至るまで、辛抱強くサポートし、応援し続けてくれた『ブレーン』の刀田聡子さん。その惜しみない尽力にはいくら感謝をしてもしきれません。

戦略プランナーとして、そしてクリエイティブやさまざまな領域において学びの機会を与えてくれた古巣の博報堂と、この本を世に送り出してくれた株式会社宣伝会議に。
そして最後に、支えてくれた家族に、心から「ありがとう」と伝えたいと思います。

磯部光毅

2016年3月

磯部光毅（いそべ・こおき）

1972-2018

磯部光毅事務所

アカウントプラナー

慶應義塾大学法学部政治学科卒業後、
1997年博報堂入社。ストラテジックプランニング局を経て、
制作局（コピーライター）に転属。2007年独立し、磯部光毅事務所設立。
主な仕事に、サントリー「JIM BEAM」「ザ・プレミアム・モルツ」「伊右衛門」
「伊右衛門 特茶」、トヨタ自動車「G's」、ダイハツ「タント」、コーセー、KDDI、
Google、味の素、AGF、花王、ティファニー、ブリヂストン、三井不動産、カルビーなど。
ブランドコミュニケーション戦略を核に、事業戦略、商品開発から
エグゼキューション開発まで統合的にプランニングすることを得意とする。
受賞歴にニューヨークフェスティバルズAME賞グランプリ、
ACC CMフェスティバル ME賞メダリストなど。著書に
『ブレイクスルー　ひらめきはロジックから生まれる』（共著、宣伝会議、2013年）、
『アジアマーケティングをここからはじめよう』（共著、PHP出版、2002年）、
『ニッポンの境界線』（共著、ワニブックス、2007年）がある。
WEBサイト：http://www.isobekoki.com

宣伝会議の書籍

広告コピーってこう書くんだ！読本

谷山雅計 著

新潮文庫「Yonda?」、「日テレ営業中」などの名コピーを生み出した、コピーライター谷山雅計。20年以上実践してきた〝発想体質〟になるための31のトレーニング法を紹介。宣伝会議のロングセラー。

広告コピーってこう書くんだ！相談室（袋とじつき）

谷山雅計 著

〝コピー脳〟を育てる21のアドバイス。谷山雅計のキャッチフレーズ考案〈生〉ノートも完全公開。クリエイティビティが必要な、考える仕事に取り組むすべての方に役に立つコピー本の決定版。

すべての仕事はクリエイティブディレクションである。

古川裕也 著

ビジネスには「正しい悩み方」がある。〝仕事が成功せざるを得ない状況〟を作り出す「クリエイティブな技能」とは？　日本を代表するクリエイティブディレクターであり、電通クリエイティブのトップ、古川裕也氏、初の著書。

ここらで広告コピーの本当の話をします。

小霜和也 著

著者は、プレイステーションの全盛期をつくったクリエイター・小霜和也氏。多くの人が思い込みや勘違いをしている「広告」について、ビジネスの根底の話から、本当に機能するコピーの制作法まで解説した一冊。

ブレイクスルー ひらめきはロジックから生まれる

木村健太郎、磯部光毅 著

企画や戦略、アイデアを練るときに誰もがぶつかる思考の壁。その壁を突破する思考ロジックを、広告の現場で培った知見と経験をベースに〝見える化〟。分かりやすい寓話、事例と豊富な図解で解説する。

デジタルPR実践入門 完全版

『広報会議』編集部 編

月刊『広報会議』の人気シリーズの完全版。嶋浩一郎氏をはじめ、広告業界を牽引するトップランナー20人がデジタルPRの基本から戦略、実践まで解説。「ウェブで自社や商品を話題化させたい」マーケター必見。

手書きの戦略論

「人を動かす」7つのコミュニケーション戦略

発行日	2016年4月15日　第1版　第1刷
	2023年8月20日　第1版　第7刷
著者	磯部光毅
発行人	東 彦弥
発行元	株式会社宣伝会議
	〒107-8550　東京都港区南青山 3-11-13
	TEL. 03-3475-3010（代表）
	http://www.sendenkaigi.com/
装丁	文平銀座
イラスト	浜名信次
写真協力	株式会社東映エージエンシー

ISBN　978-4-88335-354-5 C2063

ⓒKoki Isobe 2016　Printed in Japan
無断転載禁止　乱丁・落丁本はお取替えいたします